NOUVEAUX ESSAIS

SUR

LA PEINE DE MORT.

AVIS.

~~~

Les personnes qui veulent entendre développer la seconde édition des *Lettres académiques sur la langue française*, ouvrage de l'auteur des NOUVEAUX ESSAIS, et se perfectionner dans la *rédaction* et la *prononciation*, peuvent s'adresser à M. VALANT.

PARIS, IMPRIMERIE DE GAULTIER-LAGUIONIE,
HÔTEL DES FERMES.

Honoré VALANT,
né à Perpignan, le 20 Janvier 1763.

Heureux ou malheureux, en élevant la voix,
Je dirai : J'ai voulu la réforme des lois.

(Discours sur le meurtre public.)

NOUVEAUX ESSAIS

SUR

LA PEINE DE MORT,

Par Honoré Valant.

Quel besoin avez-vous d'une loi parricide ?
Punissez l'assassin sans le prendre pour guide.
(Page 147).

A PARIS,

CHEZ PÉLICIER, LIBRAIRE,

PLACE DU PALAIS-ROYAL;

ET CHEZ L'AUTEUR,

QUAI MALAQUAIS, N° 15;

AU BUREAU CENTRAL DE LA LITOGRAPHIE.

1827.

A M. le comte Lanjuinais,

PAIR DE FRANCE, MEMBRE DE L'INSTITUT.

Amant de la justice et de l'humanité,
Toi dont le nom célèbre embellit mon ouvrage,
LANJUINAIS, prête-moi ta force et ton courage :
J'ose contre l'erreur armer la vérité.
Je crains pour l'innocent des maux irréparables ;
Des bourreaux en horreur je flétris les exploits,
Et j'honore Thémis en soumettant ses lois
Aux droits de la raison comme elle impérissables.

Paris, *8 juin* 1825.

VALANT.

'La patrie a perdu, le 13 janvier 1827, celui de ses défenseurs qui avait agréé, depuis 1795, trois hommages dédicatoires que je lui avais présentés. Il devint mon patron le 9 vendémiaire de l'an 4, jour où je prononçai, à la barre de la Convention nationale, un discours contre les lois sanguinaires. Après m'avoir entendu, il en demanda lui-même l'abolition, devant plusieurs de ceux qui l'avaient mis hors la loi. Des collègues l'avaient condamné ; il voulut les sauver. La peine de mort fut abolie par un décret ; mais *Rewell* et *Lehardy* obtinrent, par amendement, que ce décret n'aurait force de loi qu'à l'époque de la paix générale ; il restait des ven-

1

geauces à exercer. LANJUINAIS ne se piquait que de générosité, caractère des ames élevées.

Qu'il me soit permis de terminer cette note par un témoignage de douleur. Après la mort de FRANKLIN, l'Assemblée constituante porta trois jours le deuil ; je l'ai pris et le porterai après la mort de LANJUINAIS, jusqu'à ma dernière heure : puisse-t-elle être précédée, chez tous les peuples, de l'abolition de la peine de mort !

LETTRE

A L'AUTEUR DES ESSAIS SUR LA PEINE
DE MORT,

Imprimés pour la première fois en 1795, par ordre de
la commission des Onze, en vertu d'un décret de la
Convention nationale.

Lons-le-Saulnier, 8 novembre 1795.

Jouissez; vous avez obtenu, à dater
de l'époque de la paix *, l'abolition de
la peine de mort. Vous aurez le bonheur de voir passer dans la pratique la

---

* L'instant des jouissances sera celui de la réforme
des lois. Je l'attends depuis plus de trente ans. Il arrivera tôt ou tard; mais la cruauté l'éloigne : elle
s'opposa long-tems à l'abolition de la torture et des
supplices les plus atroces. (*Note de l'auteur des Nouveaux Essais publiés en 1822.*)

théorie utile et brillante que vous avez développée. Ce n'est plus en vain que, dans les tribunaux, on parlera d'humanité. Combien les amis de la justice sont à présent plus intéressés à faire des vœux pour la paix! Cette époque glorieuse sera donc celle où le sang des Français cessera de couler, où la nature reprendra ses droits sur nos cœurs et sur notre vie, où la société pourra retirer quelque dédommagement des services d'un coupable, où la crainte d'une réparation de longue durée sera plus puissante que la vague perspective de l'échafaud.

Non-seulement la peine de mort est atroce contre l'assassin même, puisque la loi qui est impassible doit le punir sans l'imiter; mais encore elle manque son objet. Cet assassin, en attaquant un voyageur, sait bien qu'il risque plus ou moins sa vie; il apprend chaque jour à

la mépriser; et chaque jour il s'avance,
sans frémir vers l'échafaud; mais il n'en-
visagerait pas ainsi l'obligation d'un
travail assidu dans une prison. C'est
pour vivre oisif et vagabond qu'il a commis des crimes : le travail l'épouvante
bien plus que la mort; et la chance de
l'échafaud n'est à ses yeux qu'un dernier assassinat où il succombe sous un
homme plus fort que lui, événement
qui, pour lui, n'a rien d'extraordinaire.

J'ai souvent entendu dire que l'espoir
de s'échapper ôterait à la prison d'un
assassin toute son horreur. Mais quoi!
ne suffit-il pas à la société de l'empêcher de nuire? Doit-elle, conservant
des sentimens de vengeance, envier à
un misérable, quoiqu'il le soit par sa
faute, ce sentiment d'espérance? ou
plutôt, pourquoi ne met-elle pas en
parallèle le malheur journalier qu'il
éprouve de voir sans cesse ses espéran-

ces déçues, et de se sentir invinciblement accablé du poids de la société entière? Vous craignez qu'il ne s'échappe : rendez vos prisons plus sûres, exercez une exacte surveillance. Que vous importe qu'il espère de recommencer son cours d'assassinats ; il vous suffit qu'il espère en vain.

Et d'ailleurs, serait-il vrai qu'au fond de sa prison l'homme le plus criminel ne pût reprendre aucun sentiment de vertu, et que l'humanité ne pût jamais rentrer dans un cœur qui lui fut fermé une fois ? Ah ! si nos prisons ne rendent pas les coupables meilleurs, c'est peut-être le régime intérieur des cachots qu'il faut en accuser. Quel repentir peut-on attendre d'hommes plongés souvent dans des fosses fétides, seuls avec leur conscience et leurs crimes, n'étant pas même distraits de leurs idées atroces par la lumière du jour, et dépensant en projets sinistres et criminels toute l'activité de leur ame; que l'on pourrait occuper par le travail, et humaniser par un régime plus doux ?

La guerre que la société fait aux scélérats devrait être terminée dès que ceux-ci sont hors d'état de nuire, et ils sentent cependant, au fond de leurs cachots, que cet état de guerre dure encore. Il n'est donc pas étonnant qu'ils ne s'occupent que de projets de vengeance, et qu'ils conspirent de nouveau contre l'état social.

Vous avez sans doute aperçu à combien de résultats heureux doit aboutir l'abolition de la peine de mort; elle porte les citoyens à respecter davantage la vie les uns des autres; elle rend l'assassinat plus odieux, en supprimant les bourreaux; elle rend les crimes plus rares en rendant les lois plus douces. Tandis que la jurisprudence criminelle de quelques peuples cherche à trouver au sein de la mort même la gradation des peines, en diversifiant les souffrances qui l'accompagnent, c'est dans les bornes de l'humanité que notre société s'arrêtera enfin, même en punissant.

L'abolition de la peine de mort aura encore cet avantage, qu'elle forcera le législateur à soigner avec plus d'attention la génération qui commence, et à s'occuper de tous les moyens de prévenir les crimes, dont la peur de la mort aura cessé d'être le frein. C'est moins dans la crainte des peines, que dans l'espoir des récompenses, qu'il devra les chercher. C'est surtout en excitant l'émulation, en honorant la vertu, qu'il épurera les mœurs publiques, dissuadera du crime, et suscitera les actions vertueuses.

L'abolition de la peine de mort engagera encore le législateur à donner aux ateliers où est appelée l'indigence, toute l'activité dont ils sont suscepti- bles. Il se convaincra sans doute que c'est la misère, jointe à l'oisiveté, qui pousse au crime, et que c'est l'empê- cher, que d'offrir du travail à l'homme qui a des bras.

Elle engagera de plus le gouverne- ment à répandre avec profusion les bons principes et les bons ouvrages: car les nations les plus éclairées sont aussi à mon avis les plus vertueuses.

Tel est l'effet de l'adoption d'un bon principe, qu'elle mène à une foule d'heureuses conséquences. La gloire, les vertus, les lumières, l'humanité, tout s'enchaîne.

Continuez, je vous en conjure, à faire triompher les vérités qui peuvent faire l'honneur et la prospérité de notre pays. Il est bien doux de courir une carrière si glorieuse, et de bien mériter de ses

concitoyens et du genre humain. Oui,
du genre humain: car, je n'en doute pas,
toutes les vérités seront un jour successivement adoptées par tous les peuples. La perfectibilité de l'espèce humaine n'est pas un système vain ; et la
terre proclamera avec reconnaissance
les noms des peuples et des hommes
qui auront été ses bienfaiteurs, en pro-
clamant les premiers les vérités utiles
au corps social.

Telles sont les vérités que vous avez
développées dans votre ouvrage. Il est
plein d'une érudition solide ; il est remarquable par la justesse des principes,
par la force du raisonnement, par la
chaleur du style ; il vous attachera les
philantropes de la France et de tous les
pays.

J.-B.-G. Roux.

P. S. Je ne suis pas étonné que nos
feuilles publiques fassent tous les jours

l'éloge de votre écrit, et que le JOURNAL
DES LOIS s'exprime en ces termes :

« Lisez cet intéressant ouvrage, phi-
« losophes sensibles, vous y trouverez
« tout ce que vous avez dû penser sur
« cette question qui n'avait pas encore
« été traitée avec autant de développe-
« ment. Lisez-le, littérateurs curieux,
« vous y trouverez la plus vaste érudi-
« tion sans sécheresse ; lisez-le tous,
« hommes de tous les pays et de tous
« les âges, vous y trouverez la pâture
« qui vous convient, vous sortirez con-
« vaincus et meilleurs.

« J'avoue que ce livre m'a rendu le
« service de m'épargner désormais sur
» ce sujet toute recherche ultérieure, et
« qu'il me tiendra lieu de *Beccaria*, de
« *Montesquieu*, de *Grotius* et de tous les
« publicistes. » (JOURNAL DES LOIS *du* 2
novembre 1795.)

A un Ami,

ACQUÉREUR DE LA MOITIÉ DE L'ÉDITION
DES NOUVEAUX ESSAIS,
AVANT QU'ELLE FÛT PUBLIÉE.

Permettez, MON AMI, que je vous rappelle quatre vers, et que je vous offre en même tems un gage de ma déférence pour ceux qui ont demandé mon portrait au peintre CAPDEBOS, mon compatriote, et à moi-même :

CHARLES, vous réparez les torts de la justice,
Qui deux fois, par méprise, ordonna mon supplice.

Soit dit sans contradiction, vous adoucissez l'amertume des plus douloureux souvenirs d'un ancien prisonnier, sous le règne de la terreur, et lors de la conspiration du général MALLET, que je n'avais jamais connu;

Mais comment réparer la perte de la vie
Ou de la liberté, long-tems, long-tems ravie ?

VALANT.

Paris, 10 juin 182_.

PREMIER ESSAI

SUR LA PEINE DE MORT.

DISCOURS PRÉLIMINAIRE.

La vérité, toute digne qu'elle est de nos hommages, a des ennemis innombrables, d'autant plus dangereux qu'ils en sont les partisans hypocrites. Osons la dire cependant, et discuter une loi qui sert à immoler des innocens et à multiplier les coupables.

De toutes les erreurs, la plus funeste est celle qui, falsifiant les lois, a fait regarder comme légitime le meurtre connu vulgairement sous le nom de *peine de mort.*

Toute peine, imposée par la loi, sup-

2

pose une réparation utile au coupable
et à la société.

Toute peine suppose donc la correction du coupable. Cette correction
est incompatible avec la mort. Celle-ci
est évidemment la *cessation des peines.*
Tuer n'est donc pas punir.

Pour identifier la peine de mort et
le meurtre, il fallut recourir à un stra-
tagème, à l'abus des mots, source de
l'abus des choses; il fallut déguiser un
acte criminel, et le pallier sous la dé-
nomination fallacieuse de *peine de mort.*
Ainsi, une circonlocution incohérente
dans les termes qui la composent, abu-
sivement légale, et transmise à l'usage
par la déception, a rendu, en apparence,
le meurtre public tellement conforme
à la raison, qu'on l'a pris pour base de
la sûreté générale, dans l'adoption d'un
système pénal, d'après lequel les tribunaux ont à prononcer des sentences

de mort, comme s'ils étaient infaillibles
ou capables de rendre la vie aux victimes des lois. Ce système, fondé sur les
plus absurdes paralogismes, fait réparer
un meurtre par un autre meurtre, prendre des sicaires pour modèles des législateurs, donner des spectacles atroces
pour des exemples utiles, et conserver
dans le Code une loi dont l'efficacité
consiste à multiplier les forfaits, à égorger des Calas, et à perpétuer les sacrifices humains, en substituant des échafauds à des autels.

J'ai dit que toute peine suppose la
correction du coupable. Mais les fauteurs de la peine de mort soutiennent
que les criminels ne sont point corrigibles, et qu'un seul Octave devint un
Auguste. S'il en est ainsi, pourquoi nous
parlent-ils de remords, de repentir,
d'expiation et de pardon des offenses?
Tout cela est détruit par la *vindicte pu-*

blique, expression de la plus barbare stupidité. La morale nous apprend que l'homme passe du mal au bien. La possibilité de ce changement a été admise ou rejetée par les anciens législateurs. Si elle a été admise, pourquoi tuer au lieu de corriger? Si elle a été rejetée, pourquoi rendre à la société des hommes qui furent condamnés aux travaux forcés ou à une longue détention? Rien n'est plus dangereux qu'une législation inconséquente, en prévoyant ou en ne prévoyant pas que l'innocent pourra être jugé coupable, et que la mort sera le prix de l'innocence, toutes les fois que le voile de l'erreur couvrira les juges, ou que le poignard de la vengeance leur sera mis entre les mains par un tyran astucieux.

La loi tient sa puissance de la raison; elle n'a pas besoin d'emprunter la démence des assassins. Une loi qui punit

et commande le meurtre est en contradiction avec elle-même ; elle fait ce
qu'elle condamne.

Ce n'est point le glaive du despotisme
ou de l'anarchie, c'est la justice qui fait
respecter les lois. Or une loi qui ordonne de ravir ce qu'elle ne peut resti-
tuer, est souverainement injuste : car
la justice nous enseigne qu'*il ne faut
point ravir le bien d'autrui,* QUOIQUE DES
SPOLIATEURS EN DISPOSENT ; et la raison,
d'accord avec la justice, nous dit que la
vie étant le premier de tous les biens,
on ne peut l'enlever à l'homme sans commettre le plus révoltant des attentats.

Si la loi qui ordonne la peine de mort
était juste, le ministre de cette loi ne
serait pas couvert du mépris général,
les juges ne craindraient pas de faire
comme ceux de leurs prédécesseurs qui
exécutaient, dans le midi de la France,
les sentences atroces qu'ils avaient ren-

dues, et l'enfant de Mars ne dirait pas
au législateur :

« Je n'ai point donné la mort à l'en-
« nemi vaincu et désarmé ; je lui ai laissé
« la vie. Toi, législateur, tu frappes
« l'homme sans défense. Tu devrais aussi
« escorter toi-même les tombereaux si-
« nistres autour desquels un ordre rigou-
« reux m'assigne une place honteuse.
« Quel indigne camp tu me donnes !
« Penses-tu que le laurier puisse croître
« au pied de l'échafaud ? il ne te suffit
« pas de me faire escorter l'exécuteur
« de la haute justice ; tu ordonnes que
« ma fonction soit quelquefois celle de
« bourreau, et que des frères tournent
« contre des frères les armes qui n'a-
« vaient été destinées que pour la dé-
« fense de la patrie. »

Ces plaintes amères d'un guerrier
sont en rapport avec les paroles remar-
quables que je vais citer :

« Vous avez voulu tuer pour vaincre ;
« vaincre pour n'être pas tués ; mais tuer
« après avoir vaincu ; avoir vaincu pour
« tuer !... Ces idées révoltent toutes les
« ames honnêtes *. »

S'il était juste de tuer après avoir
vaincu, il faudrait admirer et faire revivre la discipline parricide qui aug-
menta effroyablement le nombre des
déserteurs. On sait que durant le seul
règne de Louis XV, les conseils de
guerre firent passer sous les armes quarante mille hommes.

Plus il est constant qu'à l'égard des
déserteurs l'abolition de la peine de
mort a diminué la perte qu'éprouvaient
les armées, plus il est certain que l'entière abolition de la même peine diminue
considérablement toute sorte d'attentats. La progression ou le décroissement

---

* MURÉNA, *Traité des violences*, chap. 2.

de la corruption des mœurs vient des
lois cruelles ou modérées. A Rome , la
peine de mort avait multiplié les crimes;
les lois VALÉRIENNE et PORCIA les rendirent beaucoup moins communs.

Le prince qui fut surnommé L'AMOUR
ET LES DÉLICES DU GENRE HUMAIN, TITUS,
en montant sur le trône, jura que, sous
son règne, le sang même des criminels
ne serait jamais répandu. LÉOPOLD, en
Toscane, prêta le même serment. *Cinq
crimes* furent commis dans ses états ,
pendant vingt ans que dura son règne,
tandis qu'il en fut commis *deux mille*,
pendant ce laps de temps, dans le pays
où le chef du conclave permet le meurtre
public.

L'abolition de la peine de mort a produit un contraste presque aussi frappant
à Philadelphie, dans les états d'ÉLISA-
BETH, de GUILLAUME-LE-CONQUÉRANT,
de JOSEPH II, de l'empereur MAURICE,

et dans tous les pays où la loi sanguinaire fut abrogée.

Les gouvernans qui fondent leur pouvoir sur la peine de mort, foulent aux
pieds le beau titre de Pères du Peuple,
et lui préfèrent l'exécrable surnom de
Parricides.

Les assassins par principes veulent
que les lois tirent leur force de la terreur, prétention absurde d'un roi d'Angleterre, qui fit pendre soixante et douze
mille voleurs *, et qui du vol pous-
sait au meurtre **. Un tel roi n'aurait
pas regretté de compter parmi ses esclaves le juge qui disait en parlant d'un
accusé : « Est-il vieux ? *Qu'on le pende*,
« il en a fait bien d'autres ; est-il jeune ?
« *Qu'on le pende*, il en ferait bien d'au-
« tres. »

L'effet des exemples effrayans est le

---

* Voyez l'historien Harrisson.
** Voyez l'Utopie de Thomas Morus.

brigandage exercé au pied de l'échafaud.
La foule, l'éclat des armes, les coups du
bourreau, lo sang qui jaillit, rien n'em-
pêcho la main furtive de se glisser où
elle peut. L'effroi ne saisit point les méchans ; il ne frappe que les hommes
doux et sensibles, qui ont en horreur
les exemples de cruauté ; on les donne
en pure perte aux méchans, on séduit
par la curiosité un peuple laborieux ;
on l'arrache à ses utiles travaux ; on
l'habitue au désœuvrement ; on pétrifie
les cœurs, on les rend barbares. Combien les idées du législateur ont été il-
lusoires quand il a cru que la peine de
mort ne manquerait pas d'inspirer une
terreur salutaire ! Des femmes, oubliant
que la pudeur est le plus bel ornement
du sexe, vont se montrer dans les amphi-
théâtres des bourreaux, et prodiguent
orgueilleusement des bourses pleines
d'or, pour acheter le plaisir de voir

tomber des têtes. Mollement appuyées
sur le duvet, ces femmes ont prêté l'o-
reille aux cris d'une joie féroce, outra-
geant peut-être l'innocence; elles ont
contemplé la scène des cannibales qui,
le front couvert de sang, osaient dan-
ser autour de l'échafaud de l'infortuné
BAILLY. Quel est l'objet de ces impudi-
ques spectatrices ? Est-ce d'attirer les
regards et de les disputer à des victimes
et à des bourreaux ? Est-ce d'apprendre
à ne pas s'évanouir en caressant un
jeune épagneul qui semble se plaindre
d'un mal fort léger ? Est-ce de s'endurcir assez le cœur pour se mettre en état
d'étouffer leurs enfans, et d'empoisonner leurs maris ? Ces mères de famille
recherchent-elles quelques autres jouissances ? Qu'elles se transportent à Constantinople, pour y voir empaler des
hommes, et suspendre des têtes par
ordre du sultan; qu'elles passent de

Constantinople à Missolonghi, déplorable cité de héros et d'héroïnes qui renoncèrent à la vie, pour n'offrir que des morts à la brutalité d'un homme-tigre ; qu'elles parcourent l'Espagne, éclairée par des auto-da-fé dont elles attiseront le feu, pour gagner des indulgences à l'instar des moines et du petit peuple.

Redoutons les exemples de la terreur, exemples horribles, sans être aussi efficaces que les craintes inspirées par un homme condamné à la glèbe, punition qui ne sépare point la justice de l'humanité. Les morts sont oubliés. Le législateur qui les multiplie démontre, en amoncelant les victimes, l'inutilité des leçons de la terreur.

Le nombre des innocens condamnés à mort en Europe excède mille fois celui des hommes brûlés vifs pendant quatre siècles, sous les lois du plus exé-

crable des tribunaux. Ce dernier nombre, de trente-quatre mille-six cent
cinquante-huit, n'a point paru assez
considérable dans le dix-neuvième siècle
aux nouveaux disciples de TORQUEMADA,
fameux inquisiteur, dont la prééminence
suprême a été l'apanage de ses succes-
seurs, devant qui les rois d'Espagne se
tenaient debout et la tête découverte.

N'eût-il existé qu'une victime de la
peine de mort, il aurait fallu supprimer
cette peine irréparable. Des tyrans et
des sophistes prétendent la conserver
malgré les progrès de la civilisation.
Les tyrans invoquent le droit de la guerre.
Quel droit!.... Et quel rapport y a-t-il
entre des armées à vaincre, et un ennemi vaincu? Insensés! ils ignorent leurs
propres intérêts : César fut poignardé;
plus de cent vingt monarques montè-
rent sur l'échafaud.

Parmi les esclaves du pouvoir absolu,

les uns craignent qu'un prisonnier ne s'échappe, et décident qu'il doit être mis à mort. Mais les craintes ne justifient que les précautions. Ceux qui ont privé un homme de sa liberté, peuvent le retenir dans sa prison. Louis XVI, dans la tour du Temple, et le prisonnier de Sainte-Hélène, ont prouvé que la fuite est impossible aux détenus, quand la surveillance est bien observée. Le sophisme concernant l'évasion mérite à peine d'être réfuté; ceux qui le mettent en avant se réfuteront eux-mêmes; ce qui arrivera si, devenus prisonniers, ils entendent ces mots : « Vous pourriez « fuir; on va vous égorger, à moins que « vous ne prouviez qu'il est plus rai- « sonnable de vous garder et de vous « surveiller, que de vous tuer, par « crainte d'évasion. Optez entre votre « rétractation et la mort. »

Les autres esclaves du despotisme

croient qu'il est plus utile à un gouvernement de se débarrasser des prisonniers
que de les surveiller, et prennent pour
juste tout ce qui est utile, sans réflé-
chir aux inductions naturelles que chaque malfaiteur pourra tirer d'une politique si commode, ni aux désastres
que provoque une loi tyrannique par
les condamnations à mort qui, tôt ou
tard, amènent les révolutions, l'anarchie et les massacres. JEAN HUS ayant
été brûlé vif à Constance en Suisse,
quarante mille sectateurs de ce martyr
inondèrent de sang la Bohème, en li-
vrant à la mort tous les prêtres, pour
se venger de l'atrocité des juges de
Constance. « ANNE DU BOURG, conseil-
« ler au parlement et diacre, fut exécuté
« en Grève, dit le président HÉNAULT,
« pour cause de calvinisme, après avoir
« été dégradé; *ce qui donna lieu à la*
« *conspiration d'Amboise et aux guerres*
« *qui suivirent.* »

Quelques publicistes font valoir jusqu'au prétendu droit de se détruire soi-même; ils ont imaginé que, par un consentement unanime, la société a transmis ce droit à des législateurs, à des magistrats, à des bourreaux.

Répondons que la doctrine des suicides est criminelle, et qu'un droit qui n'appartient ni à chacun, ni à la société, n'est point transmissible; que jamais il n'exista une société de suicides, et qu'une convention imaginaire ne prouve nullement la légitimité du meurtre légal.

A-t-on voulu fonder le droit du glaive sur le préjugé qui rend l'honneur dépendant de la vengeance? Je ne puis convenir que, se trouvant en opposition avec les bonnes lois qui n'ont point la vengeance pour base, le droit fondé sur la soif du sang humain ait le caractère de la justice.

La loi est impassible; sa volonté diffère essentiellement de la violence d'un furieux qui brûle de se venger et de sauver son honneur par des assassinats.

Il est possible que la défense de soi-même exige qu'un assassin soit frappé par celui qui est attaqué; mais la nécessité où est réduit un seul homme n'établit pas le droit de la société, assez forte pour vaincre un ennemi sans lui ôter la vie.

Dans un gouvernement éclairé, les bras ne sont point employés à détruire des bras. Les chemins escarpés et glissans à rendre praticables; les plaines, les collines à fertiliser; les nouvelles constructions à élever au-dessus des fleuves; les carrières, les aqueducs, les canaux à creuser; les ports de mer à nettoyer; les vaisseaux à faire ou à radouber; mille travaux à entreprendre dans les villes et dans les campagnes: tout demande des bras; pourquoi donc les anéantir?   3.

Les gouvernans inhabiles n'opposent
à la destruction que la destruction,
tandis que les hommes de génie, tirant
le bien même du mal, n'arrachent au
coupable que les pavots de l'oisiveté.

Que le travail, imposé par la loi, soit
donc la peine de tous les vices et de
tous les crimes; il en est le plus efficace
préservatif; il est la source des richesses
des peuples et des états; il honore la
société; le meurtre la dégrade autant
que le fer rouge qui flétrit la chair humaine d'une marque ineffaçable.

L'abolition de la torture et des supplices atroces fut le présage de la suppression de la peine de mort; mais au
lieu de perfectionner la législation criminelle, on n'a changé, en France, que
la manière de tuer; on y a mis beaucoup
d'adresse; et l'on est parvenu à tromper
la sensibilité par une prompte mort.
Qu'il soit brisé toutefois l'avide instru-

ment qui servit à faire tomber la tête de Louis XVI, de MALESHERBES, et de tant d'illustres personnages ! Que l'innocent* ne soit plus immolé ! Que le coupable soit forcé à une réparation utile à lui-même et à la société ! Que les fonctions des législateurs et des tribunaux soient enfin ennoblies, et que l'accomplissement de ces vœux de tous les hommes éclairés et sensibles soit compté parmi les grands bienfaits des lumières et de la civilisation !

Telles sont les idées que j'ai développées dans mes réponses à des publicistes célèbres, et surtout dans le quatrième des NOUVEAUX ESSAIS. Ce dernier ouvrage, où il est traité des plus importantes matières de la législation, a été soumis vingt fois à des lecteurs éclairés

* *Valeant omnia ad salutem innocentium, ad opem innocentium; in periculum verò et perniciem repudientur !* Cic.

dont les observations, recueillies avec
soin, ont beaucoup servi à perfectionner mes premières esquisses. Le poète
Rousseau pâlissait six mois sur les stro-
phes d'une ode ; dix ans ont été employés, tantôt à la composition, tantôt
à l'examen et aux corrections du premier discours poétique d'une étendue
égale à celle des harangues ordinaires.
J'ai pensé que les discours philosophi-
ques en vers ne sont ni assez multipliés
ni assez développés, et que l'objet n'en
est pas moins intéressant que celui du
drame ou de l'épopée. J'ai voulu donner
un exemple utile, sans avoir l'orgueilleuse prétention de fournir un modèle.
J'ai fait en sorte cependant de ne pas
justifier certaines gens qui ont affirmé
qu'il n'aurait pas fallu traiter en vers
une question relative à la peine de
mort, et que les embellissemens de
la poésie ne conviennent qu'à des sujets

moins sérieux que celui-là. Il est facile
de répondre que l'élégie et la tragédie,
entre autres compositions, ne sont pas
écrites en prose. Homère, Virgile, Ho-
race, Corneille, Racine, Voltaire et
presque tous les poètes ont prouvé que
les muses enseignent la morale. Les
domaines de la poésie seraient bien
étroits, s'il n'était permis de versifier
que des contes ou des vaudevilles. Pourquoi serait-il déraisonnable d'exprimer
en vers les grandes vérités qui inté-
ressent tous les hommes? Ajoutons qu'il
est plus facile de retenir les vers que la
prose. On se rappelle fort peu quelques
passages de d'Aguesseau, de Montesquieu ou de Buffon; mais on n'oublie
pas les vers des poètes tragiques. Personne donc ne peut soutenir raisonnablement que les plus graves sujets ex-
cluent les ornemens de la poésie.

J'ai tâché de tirer parti du rhythme

le plus beau, celui des vers alexandrins.

Je dis, en parlant d'un prisonnier qui s'est échappé :

Il traîne sa prison avec la liberté.

Je fais entendre le bruit des verroux d'une prison :

Là, des verroux bruyans apprennent aux pervers
Que l'audace punie en vain brisa les fers.

Je peins les vociférations des furies révolutionnaires,

Dont la bouche de fer, annonçant le transport,
En longs mugissemens criait : *Vive la mort !*

Je présente ainsi le contraste qui, dans le dix-neuvième siècle, étonne la raison :

Vainement la splendeur, etc.
Un voile ténébreux est partout étendu.

Les bons juges décideront s'il n'y a pas dans le discours sur le meurtre public des maximes incontestables, des

portraits fidèles, des tableaux frappans
et des vers faciles qui souvent ne sont
pas les plus faciles à trouver.

Mais fût-il démontré que le succès
de l'entreprise n'a point répondu à mon
espoir, c'est le talent du poète, ce n'est
pas la poésie qu'il faudrait accuser d'être
en opposition avec la matière que j'ai
traitée.

Je n'oublierai pas d'observer, en terminant ce discours, que Beccaria ni la
plupart des écrivains, publicistes, orateurs ou poètes, n'ont rien dit sur les
victimes des lois. Pour moi, j'avoue que
la plus douloureuse de toutes les pensées a toujours été présente à mon esprit. Dût-on me reprocher en cela des
répétitions de pensées, je serais moins
à blâmer que les hommes qui tolèrent
la fréquence des supplices dont la marque ou flétrissure n'est pas le moins révoltant, et je ne rougirais point d'avoir

voulu prévenir de nouvelles injustices ou des erreurs criminelles. Je n'aurai pour détracteurs que les ennemis du genre humain, lorsque j'aurai souvent déploré la perte des innocens condamnés à mort et rappelé la conclusion de la prosopée de Malesherbes :

Les dangers renaissans suivent l'excès des peines ;
De l'innocent captif vous briserez les chaînes ;
Mais rendrez-vous la vie aux victimes des lois ?
Répondez, magistrats, législateurs et rois.

SECOND ESSAI.

EXAMEN

DE L'OPINION DE MABLY, DE J.-J. ROUSSEAU, DE
FILANGIERI ET DE MONTESQUIEU,

SUR LA PEINE DE MORT.

ARTICLE PREMIER.

OPINION DE MABLY.

1. « Dans l'état de nature, j'ai droit
« de mort contre celui qui attente à
« ma vie.

2. « En entrant en société, j'ai rési-
« gné ce droit au magistrat.

3. « Parce qu'un assassin croit faire
« le plus grand mal à son ennemi, en
« lui ôtant la vie, regardant la mort

4

« comme le plus grand des maux, c'est
« par la crainte de perdre la vie qu'il
« faut arrêter les emportemens de la
« haine et de la vengeance. »

RÉPONSE.

1. Le droit de mort sur un assassin
ne va point au-delà du moment de l'attaque.

2. Ce droit est inaliénable. L'homme
qui se défend corps à corps use d'un
droit qui lui est propre. Il n'en ferait
point l'exercice, il y renoncerait, il le
perdrait, si, au lieu d'en user au moment
de l'attaque, il appelait le magistrat.
En supposant qu'il ait le tems de l'appeler sans courir le risque de perdre la
vie, il ne prétend ni convertir le magistrat en bourreau, ni faire une concession; il ne veut que se délivrer de
son assassin. Ce n'est pas en entrant en
société que je suis attaqué. L'assassin
qui cherche à faire de moi une victime,

saisit l'instant où je suis seul. Je me dé-
fends; mais la défense que j'oppose à
mon agresseur n'a rien de commun avec
une peine. La défense de soi-même est
un acte commandé par la nature, la
peine est l'effet de la loi; la défense est
violente, l'objet de la peine exclut la
violence; la défense ne souffre aucun
retard, la loi n'est prononcée qu'après
un examen incompatible avec la préci-
pitation; la nécessité me fait repousser
une attaque, par la mort de l'agresseur;
la peine, pour être juste, exige une réparation utile en même tems au coupable et à la société: une telle répara-
ration n'est point dans la mort du
coupable. La loi est le choix fait par la
volonté générale du mode obligatoire
d'un contrat. Or, si la peine doit être
prononcée par la loi, elle ne peut avoir
pour règle la défense naturelle, mais
violente, d'un seul homme contre son

agresseur. Tête à tête avec mon ennemi, je suis réduit à l'alternative de tuer
ou d'être tué. Jamais la société, armée
contre un de ses membres, n'est réduite
à une pareille alternative. En confondant la défense avec la peine, MABLY
a confondu deux choses bien distinctes,
la faiblesse d'un seul homme avec la
force de la société. La concession dont
il parle est chimérique, à moins qu'il
n'ait en vue des esclaves, dont les hor-
des, fussent-elles délibérantes, ne fe-
raient pas autorité. Une association libre, sous un chef légitime, ne donne
point au magistrat le droit de tuer. Cette
concession serait fatale; on en abuserait
contre ceux qui l'auraient faite, l'abus
en serait irréparable. Il est évident que
le magistrat, n'étant point infaillible,
ne doit disposer de la vie d'un homme
que dans le cas d'une attaque person-
nelle.

3. Le législateur ... ..rait pour modèle un assassin qui *croit* faire le plus
grand mal à son ennemi, en lui ôtant
la vie! mais le législateur doit-il *croire*
qu'il est avantageux de faire le plus
grand mal? L'assassin qui ôte la vie à
son ennemi, et qui est aveuglé par le
ressentiment ou par toute autre passion, n'a pas le droit de l'enfermer dans
une prison; il est féroce parce qu'il est
faible. Ne sied-il pas au législateur
d'être humain parce qu'il est fort?
Éclairé par la raison, n'est-il pas au-
dessus d'un esclave de la haine et de
la vengeance? Mably n'a fait cependant
du législateur qu'un vil personnage qui
change en loi l'effet de la passion du
coupable.

4.

ARTICLE II.

OPINION DE J.-J. ROUSSEAU.

1. « Tout homme a droit de risquer
« sa propre vie pour la conserver.

2. « A-t-on jamais dit que celui qui
« se jette par une fenêtre, pour échap-
« per à un incendie, soit coupable de
« suicide?

3. « A-t-on même jamais imputé ce
« crime à celui qui périt dans une tem-
« pête dont, en s'embarquant, il n'i-
« gnore point le danger?

4. « Le traité social a pour fin la con-
« servation des contractans.

5. « Qui veut la fin, veut aussi les
« moyens; et ces moyens sont insépara-
« bles de quelques risques, même de
« quelques pertes.

6. « Qui veut conserver sa vie aux

« dépens des autres, doit la donner aussi
« quand il le faut.

7. « Or, le citoyen n'est plus juge du
« péril auquel la loi veut qu'il s'expose;
« et quand le prince lui a dit: *il est ex-*
« *pédient à l'état que tu meures*, il doit
« mourir.

8. « C'est pour n'être pas la victime
« d'un assassin, que l'on consent à mou-
« rir, si on le devient.

9. « Dans ce traité, loin de disposer
« de sa vie, on ne songe qu'à la garan-
« tir; et il n'est pas à présumer qu'un
« des contractans prémédite alors de se
« faire pendre.

10. « D'ailleurs, tout malfaiteur, at-
« taquant le droit social, devient par
« ses forfaits rebelle et traître à la pa-
« trie; il cesse d'en être membre, en
« violant ses lois; il lui fait la guerre.

11. « Quand on fait mourir le cou-
« pable, c'est moins comme citoyen que
« comme ennemi.

12. « Un tel ennemi n'est pas une
« personne morale, c'est un HOMME, et
« c'est alors que le droit de la guerre
« est de tuer le vaincu. (*Contrat social*,
liv. III, ch. 5.)

RÉPONSE.

1. Si l'homme peut choisir entre dif-
férens risques pour conserver sa vie, il
ne doit pas courir le pire de tous.

2. Ce n'est pas dans un danger imminent que la société aurait pu se rendre contractante ; elle a eu le tems
d'éviter le saut périlleux.

3. De ce qu'un ambitieux brave la
tempête, s'ensuit-il que tous les membres
d'une association doivent s'embarquer?
Caton regardait comme une de ses
grandes fautes celle de s'être confié à
la mer.

4. Détruire les contractans, est-ce
les conserver? La sûreté de tous n'est
point dans le danger que chacun court

de subir le sort de Calas, de Malesherbes, de Thomas Morus ou de Barneveldt.

5. Ne faut-il pas opter entre les moyens, les risques et les pertes ?

6. Le droit de représailles, pour être si commun, n'en est pas plus légitime. J'ajoute que la volonté de conserver sa vie aux dépens des autres n'est point la volonté générale, et que la volonté de quelques méchans ne doit pas compromettre la sûreté publique.

7. Ce n'est pas le plus humble des esclaves, c'est le plus fier des citoyens, le citoyen de Genève qui nous enseigne à mourir, lorsqu'un Caligula veut nous égorger. Mais Rousseau ne sort-il pas de la question ? Nous n'en sommes point à l'exécution du pacte social; nous en sommes à l'établissement de ce pacte. Il s'agit d'un contractant, et non de celui qui est déjà lié en vertu d'un contrat.

Rousseau confond un contrat, qu'il suppose fait avec un contrat qui jamais ne
fut accepté.

8. Le consentement dont parle Rousseau est illusoire. Tout accusé d'assassinat n'étant pas un assassin, et pou-
vant être regardé comme tel, la société
doit empêcher la mort d'un innocent,
au lieu d'y consentir. Le consentement
dont il s'agit supposerait l'infaillibilité
des tribunaux.

9. Ne peut-on pas être pendu sans
avoir prémédité de se faire pendre?
Est-il vrai qu'en ne se proposant pas de
perdre sa fortune, un joueur la conserve?
Le prix de la vie est au-dessus de celui
de la fortune. La société surpasserait en
démence le joueur que Rousseau pro-
pose comme une sorte de modèle, si,
par un traité dont la simple supposition
est absurde, elle aliénait la vie de ses
membres, en la confiant à des accusa-

teurs, et même à des magistrats intè-
gres. Les uns ne sont-ils pas le plus souvent aveuglés par la passion, et les autres
ne le sont-ils jamais par l'erreur?

10. Sans doute, les crimes doivent
être expiés; mais il ne s'agit nullement
de cette vérité banale; il s'agit du genre
de punition à exercer envers celui qui
a cessé d'être membre de la patrie, en
violant ses lois, et qui lui fait la guerre.

11. Le coupable est-il armé quand
vous le faites mourir? S'il ne l'est pas,
vous ne pouvez l'égorger sans vous rendre criminel.

12. Un philosophe qui fonde sa lo-
gique sur le droit de la guerre est un
inconcevable raisonneur; il est plus inconcevable encore que le droit de la
guerre est de tuer le vaincu. J'oppose
Rousseau à Rousseau lui-même :

« La fin de la guerre, dit-il, (*Contrat*
« *social*, liv. I, chap. 4) étant la des-

« truction de l'état ennemi, on n'a droit
« d'en tuer les défenseurs que tant
« qu'ils ont les armes à la main; mais
« aussitôt qu'ils les déposent et se ren-
« dent, cessant d'être ennemis ou ins-
« trumens de l'ennemi, ils redevien-
« nent simplement HOMMES, et l'on n'a
« plus de droit sur leur vie. »

Rousseau ajoute (*Contrat social*, liv.
II, chap. 5 :) « Il n'y a point de méchant
« qu'on ne pût rendre bon à quelque
« chose. »

On voit que celui de nos écrivains
qui aime le plus à soutenir le pour et le
contre, vient de détruire ses paradoxes
sur la peine de mort.

On est surpris qu'entre autres publicistes, il ait induit en erreur Filangieri.
Je vais répondre aux objections de l'auteur italien avant de passer à celles de
Montesquieu.

ARTICLE III.

OPINION DE FILANGIERI.

1. « L'homme, dans l'état de nature,
« a droit à la vie; il ne peut renoncer
« à ce droit; mais il peut le perdre par
« ses crimes.

2. « Tous les hommes ont, dans cet
« état, le droit de punir la violation des
« lois naturelles.

3. « Et si la violation des lois natu-
« relles a rendu le transgresseur digne
« de mort, chaque homme a droit de
« lui ôter la vie.

4. « Or ce droit que, dans l'état d'in-
« dépendance naturelle, chacun avait
« sur tous et que tous avaient sur cha-
« cun, a été transmis à la société et dé-
« posé entre les mains du souverain.

5. « Le droit qu'a le souverain d'in-

5

« fliger la peine de mort, comme toute
« autre peine, ne dépend donc pas de la
« cession des droits que chacun avait
« sur les autres.

6. « Au même instant que j'ai déposé
« dans les mains du chef de la société
« le droit que j'avais sur la vie des au-
« tres, ceux-ci lui ont confié le droit
« qu'ils avaient sur la mienne.

7. « Et c'est ainsi que, moi et les au-
« tres membres de la société, sans céder
« notre droit à la vie, nous sommes
« également exposés à la perdre, si nous
« venons à commettre ces excès contre
« lesquels l'autorité législative a pro-
« noncé la peine de mort. » (*Science de
la législation*, tom. IV, chap. 5, pag. 32
et suivantes.)

RÉPONSE.

1. Les deux premières propositions ne
prouvent rien en faveur de la préten-
due légitimité de la peine de mort. La

troisième proposition n'est autre chose qu'un sophisme : car la perte d'un droit n'est pas toujours éprouvée par un criminel.

2. J'ai démontré, en réfutant Mably, que le droit de se défendre ne doit pas être confondu avec le droit de punir.

3. On a tiré de la nécessité de se défendre, dans un danger imminent, des inductions tellement erronées, qu'elles ont fait regarder comme choses exactement semblables, la cessation et la durée d'une attaque criminelle, le pouvoir et le droit, la défense et la punition.

4. Quelle est donc cette législation qui, établissant le droit de tuer, au lieu de le détruire, nous apprend que, d'après la loi naturelle, chacun est fondé à s'armer contre tous ; que tous doivent s'armer contre un seul ; qu'un droit arbitraire a été transmis à la société ; qu'un pouvoir usurpé par le despotisme est

un droit qui lui appartient légitimement, et que la concession en a été faite par la société !

5. Les droits que, dans l'état de nature, nous avions les uns sur les autres, ne consistaient que dans le pouvoir. Mais ce pouvoir ne fut-il jamais en opposition avec la justice ? S'il était juste, on n'avait pas besoin de le transmettre ; on ne devait pas craindre d'en user soi-même ; s'il était injuste, la concession en était absurde ; elle n'a été que supposée ; on en parle comme si elle était réelle. On a voulu adoucir, sous le nom de *cession de droits*, une véritable usurpation faite par le souverain, au préjudice de la société, usurpation d'autant plus funeste, qu'elle a eu pour effet la condamnation d'un nombre infini d'innocens à une peine dont l'injustice est irréparable.

6. Où est la preuve de chacune de ces deux assertions ?

7. Il est constant, d'après Filangieri, que nous ne cédons pas notre droit à la vie, et que nous transmettons seulement nos droits sur les jours d'autrui; mais est-il constant que cette dernière concession soit admissible, et qu'elle serve de garantie à la société? Des droits sur les jours d'autrui! Quelle doctrine! Combien n'a-t-elle pas multiplié les assassins et les fauteurs des vengeances? Une longue expérience, dans tous les siècles et dans tous les pays, démontre-t-elle que nous ne sommes exposés à périr sur un échafaud, que lorsque nous avons commis des crimes? En prononçant la peine de mort, l'autorité législative s'est abandonnée au plus grand des excès contre elle-même et contre la société, puisqu'il est évident que tous les membres de l'une ou de l'autre, qui ont subi la peine de mort, n'étaient point criminels.

5.

ARTICLE IV.

OPINION DE MONTESQUIEU.

1. « La peine de mort est tirée de la
« nature de la chose, puisée dans la rai-
« son et dans la source du bien et du mal.

2. « Un citoyen mérite la mort lors-
« qu'il a violé la sûreté au point qu'il a ôté
« la vie ou qu'il a entrepris de l'ôter.

3. « Cette peine de mort est comme
« le remède de la société malade. (*Esprit des lois*, liv. 12, chap. 4.)

4. « Ce qui fait que la mort d'un crimi-
« nel est une chose licite, c'est que la loi
« qui le punit a été faite en sa faveur.

5. « Un meurtrier, par exemple, a joui
« de la loi qui le condamne: elle lui a
« conservé la vie à tous les instans; il ne
« peut donc réclamer contre elle. (*Esprit des lois*, liv. 15, chap. 2.

RÉPONSE.

1. Si le meurtre est la nature de la chose dont parle l'auteur de *l'Esprit des lois*, on ne peut lui accorder que la peine de mort soit puisée dans la raison et dans les sources du bien. Le bien, relativement à toute peine, est dans la modération. Quant aux sources du mal, il faut les voir dans les pernicieux exemples de cruauté.

2. L'abus de ces mots : *Un assassin mérite la mort*, a fait périr injustement une partie du genre humain. Le grand meurtrier Sylla promulgua les lois cornéliennes contre le meurtre. Il y a autant de démence à vouloir réparer un meurtre par un meurtre, qu'il y en aurait à brûler la maison d'un homme assez insensé pour avoir mis le feu dans celle de son voisin.

3. Ce n'est point la société, c'est un de ses membres qui est malade. Que

penser d'un remède qui tue, au lieu de
guérir, et que l'on a donné à tant de
sages qui n'étaient point malades?

4. Disons plutôt : Ce qui fait que la
peine de mort est pernicieuse, c'est que
des innocens ont été condamnés à perdre la vie, sous prétexte qu'ils étaient
coupables. Montesquieu a beau prétendre que la loi qui les a punis avait été
faite pour leur avantage : un tel sophisme
ne peut justifier ni la loi meurtrière, ni
les vengeances du pouvoir, ni les erreurs des tribunaux.

5. Avoir joui d'une loi qui tant de
fois a indistinctement condamné des innocens et des coupables, qui cependant
leur a conservé la vie *à tous les instans*,
et ne pouvoir réclamer contre une loi
dont l'abus est irréparable : voilà des
idées tellement incohérentes, qu'il est
difficile de se persuader qu'elles font
partie du livre de *l'Esprit des lois*. Con-

cluons que des sophismes, quelque célèbre qu'en soit l'auteur, ne rendent
point légitime la peine de mort, et qu'au
jugement de la raison, indépendante des
préjugés funestes, des coutumes atroces
et de tout intérêt condamnable, un
meurtre public, ordonné par des hommes réunis contre un seul homme sans
défense, est un crime plus révoltant
encore qu'un meurtre caché dont un
scélérat s'est rendu coupable.

TROISIÈME ESSAI.

VICTIMES DES LOIS.

Les lois de la terreur ont frappé des savans* :
Je fais parler des morts pour sauver les vivans.
(*L'auteur des nouveaux Essais.*)

Agis IV, roi de Sparte. Je fus condamné à mort. Je n'avais aimé que la
vertu. Mes amis pleuraient mon infortune. « Essuyez vos larmes, m'écriai-je;
« gardez-les pour ceux qui me font
« mourir injustement. »

* La plupart des notices historiques ci-après regar-
dent des hommes d'une grande érudition. On ne
pourrait que trop multiplier de pareilles notices,
puisque le nombre des innocens livrés aux bourreaux
est effroyable; mais on a cru que les alimens de la
sensibilité fatigueraient l'ame s'ils étaient prodigués.

ARNAUD DE BRESSE. Voici le grand crime qui me fit brûler vif à Rome, en 1155. En qualité de moine, élève d'A-bailard, j'avais prêché que « le règne de « Dieu et celui de ses ministres, n'étant « point de ce monde, le clergé ne doit « posséder aucun bien-fonds. »

BAILLY. J'étais maire de la ville de Paris. En ma qualité de magistrat, je fis exécuter une loi odieuse, la loi *martiale*. Je m'y étais conformé. J'avais ordonné trois proclamations avant de faire tirer sur les séditieux du Champ-de-Mars, qui devint le lieu de mon supplice. En effet, je payai cher mon obéissance à la loi. De toutes les grandes victimes de la révolution, il n'en est aucune dont le martyre soit comparable à celui que j'ai souffert. On me fit porter, le 11 novembre 1791, l'instrument de mon supplice et une torche ardente; on me passa sur la figure le drapeau rouge enflammé. On me couvrit de boue. Je fus l'objet de tous les outrages, de toutes les avanies que puisse imaginer une populace féroce. Les plus cruels sarcasmes sortirent des bouches les plus viles. Et comme il tombait une pluie très-froide : *Tu trembles, Bailly*, me dit-on, *et tu es armé de la guillotine !* On me frappa sur la tête, sur cette tête que mes travaux avaient blanchie et qui inspirait le respect aux savans de l'Europe. Cependant des sauvages, voulant mettre le comble à tant d'horreurs, s'abreuvèrent de mon sang et dansèrent ensuite autour de l'échafaud où j'avais péri. Mon sort effroyable ne corrigea point tel ambitieux qui, en montant sur le trône, prouva que les mêmes causes ne sont pas toujours suivies des mêmes effets. On sait que, depuis ma mort, un ancien lieutenant de Barras devint empereur, quel-

6

que temps après avoir braqué le canon
contre le peuple de Paris.

BARNEVELDT. J'avais acquis l'estime
de la Hollande, ma patrie, et des puissances étrangères, dans les négociations
politiques. Je suis l'un des fondateurs
de la liberté de mon pays. Henri IV et
la reine Élisabeth me rendirent justice.

J'avais voulu restreindre l'autorité
de Maurice-d'Orange. Ce prince, pour
se venger, me fit juger par vingt-six
commissaires. Accusé d'avoir tenté de
livrer ma patrie aux Espagnols, moi
qui avais travaillé avec tant de zèle
à les vaincre, je fus condamné en 1619
à être décapité.

Mes deux fils, Guillaume et René,
formèrent le dessein de venger ma mort.
La conspiration fut découverte, Guillaume se sauva ; René fut pris et condamné à mort. Sa mère demanda grace
pour lui à Maurice. « Il me paraît bien

« étrange, dit ce prince, que vous fas-
« siez pour votre fils ce que vous avez
« refusé de faire pour votre mari ! » —
« Je n'ai pas demandé grace pour mon
« mari, parce qu'il était innocent; je la
« demande pour mon fils, parce qu'il
« est coupable. »

BELLET. (Voyez L'herbette de St.-
Charles.)

BOURG [*]. C'est en 1559 que je fus
pendu et brûlé, à Paris, âgé de 38
ans. Pour accélérer mon supplice et
celui de plusieurs calvinistes, le fanatisme, toujours fécond en impostures,
m'avait accusé d'avoir pris part au crime
des assassins du président Minart. Une
accusation si révoltante ne fut suivie
d'aucune preuve; mais les allégations
et le soupçon suffisaient à des juges
assez ignorans et cruels pour condam-

* Anne du.

ner à mort des hérétiques, c'est-à-dire des hommes le plus souvent de bonne foi, et dont les sentimens ne pouvaient être ceux du vulgaire.

J'étais conseiller au parlement et diacre. De longues études m'avaient rendu célèbre; j'avais les mœurs d'un magistrat intègre. Les calvinistes me comptent au nombre de leurs martyrs. Ma mort tragique, autant qu'injuste, fut la cause de la conspiration d'Amboise et des guerres les plus atroces.

I. Baillon-de-St.-Cyr. Nous fûmes condamnés à mort, dans le mois de juin 1794, moi, un de mes enfans, âgé de 14 ans, mon frère et MM. Bellet, Germain et Chauvereau. Le tribunal révolutionnaire nous fit augmenter le nombre des innocens qu'il assassinait en masse.

II. Baillon-de-St.-Cyr. J'avais 14 ans. J'étais en pe..... chez M. François.

J'allai voir mon père, détenu à la prison de la Bourbe. Arrivent deux gendarmes chargés d'amener un M. Brion,
âgé de 75 ans. Le concierge répond
qu'il n'y a dans la prison aucun individu
portant le nom de Brion ; mais qu'il y
en avait qui portaient celui de Brillon.
Les gendarmes ayant dit qu'il leur était
égal d'amener Brillon ou Brion, s'em-
parent de moi et de mon frère avec qui
j'étais venu. Alors, le tribunal révolutionnaire était divisé en deux chambres
pour expédier plus vite. Mon frère aîné,
traduit à la chambre présidée par Dumas, fait observer qu'il ne se nomme
pas Brion, et que sa figure et ses traits
ne sont pas ceux d'un homme de 75 ans.
Il fut mis en liberté. Son premier mouvement fut de venir me trouver dans la
seconde chambre du tribunal où l'on
me jugeait aussi à la place du vieillard ;
mais l'arrêt de mort était prononcé ; je
fus exécuté.

BRUNUS. Ceux qui se disent les ministres d'un Dieu de bonté, s'étant acharnés à me persécuter, m'accusèrent d'a-
voir enseigné que *la pratique de la
vertu est le meilleur des cultes.* Je fus
brûlé vif à Rome, en 1600, et traité de
blasphémateur avant et après ma mort
tragique.

CALAS. J'étais négociant à Toulouse,
depuis 40 ans. Je jouissais de la plus
honorable réputation ; j'étais protestant.
Je fus accusé d'avoir pendu mon fils
Marc-Antoine, le 13 octobre 1761.

Un de mes fils avait embrassé la religion catholique ; je ne l'avais nullement contrarié. J'étais si éloigné de ce
fanatisme qui rompt les liens de la société, que je gardais chez moi, depuis
trente ans, une servante catholique, à
qui j'avais confié la première éducation
de mes enfans.

Mon fils Marc-Antoine n'ayant pu

réussir dans ma profession, ni à se faire
recevoir avocat, parce qu'il fallait des
certificats de catholicité *, prit la criminelle résolution de terminer ses jours,
confia son projet à un ami, et se forti-
fia dans ses idées par la lecture de plusieurs écrits sur le suicide. Ayant un
jour perdu son argent au jeu, il exécuta
ce jour-là même son noir projet. Un
ami de ma famille, le jeune Lavaisse,
âgé de 19 ans, et mon fils Pierre,
étant descendus de chez moi quelques
instants après Marc-Antoine, trouvèrent celui-ci en chemin, pendu à une

* Cicéron, quoique païen, ne plaida-t-il pas avec
quelques succès? Ne sauva-t-il pas sa patrie? Sully
n'eut pas besoin de certificats de catholicité pour
être le modèle des ministres. Quelque importante
que soit la profession d'avocat, la charge de ministre
ne l'est pas moins. Les certificats d'un catholique ne
lui donnent ni le talent, ni la probité. Pourquoi donc
les protestans ne pourraient-ils pas être les défenseurs de la veuve et de l'orphelin?

poutre. Son habit était plié sur le comp-
toir; sa chemise n'était point dérangée;
ses cheveux étaient bien peignés; il n'a-
vait sur son corps aucune plaie, aucune
meurtrissure.

Un fanatique s'écria que j'avais pendu
mon fils Marc-Antoine. Ce cri fut répété; il devint unanime. Les uns ajou-
tèrent que Marc-Antoine s'était proposé de faire abjuration de son culte;
que sa famille et Lavaisse l'avaient étranglé; les autres prétendirent que c'était
moi seul qui avais étranglé mon fils.
Bientôt on fut persuadé, dans toute la
ville, que j'avais mieux aimé donner la
mort à mon fils, que de le voir changer
de religion.

David, capitoul de Toulouse, excité
par les vociférations des fanatiques, et
brûlant de se faire valoir par une
prompte exécution, nous fit arrêter,
moi et ma famille, la servante catholi-

que et Lavaisse. Il ordonna de commen-
cer contre nous tous la procédure nécessaire. On verra qu'elle fut contraire
à toutes les lois.

Treize juges s'assemblèrent chaque
jour afin de terminer bientôt la plus
grave des affaires criminelles. Huit voix
contre cinq me firent condamner à la
roue. Il avait paru impossible à cinq
juges qu'un vieillard de 68 ans, qui
avait les jambes faibles et enflées, eût
seul étranglé un fils âgé de 29 ans, et
d'une force peu commune.

Le motif de l'arrêt n'était pas plus
concevable que la condamnation. Les
juges qui avaient opiné pour le supplice voulurent persuader aux autres
que je ne manquerais pas d'avouer, sous
les coups du bourreau, mon crime et
celui de mes complices. Cependant je
mourus sur la roue, le 9 mars 1762,
en prenant Dieu à témoin de mon in-

nocence, et en le conjurant de pardonner à mes juges.

Par un second arrêt contradictoire
avec le premier, mon fils Pierre, le
jeune Lavaisse et la servante furent mis
en liberté. Un des conseillers fit sentir
que les auteurs d'un tel arrêt se condamnaient eux-mêmes; que les accusés
avaient toujours été ensemble dans le
tems qu'on supposait le parricide, et
que leur mise hors de cause prouvait
invinciblement l'innocence du père de
famille qu'ils avaient fait exécuter.

On s'éleva fortement après ma mort
contre la plus illégale des procédures;
et le samedi, 9 mars 1765, quarante-
deux juges assemblés cassèrent le premier arrêt d'une voix unanime; je fus
déclaré innocent; ma famille fut solen-
nellement réhabilitée; mais aucun arrêt n'a jamais pu sécher les larmes ni
de ma veuve ni de mes enfans; et au-

cune loi ne prévient, par l'abolition des peines irréparables, les nouvelles erreurs des tribunaux.

CHARLES I*. Je naquis en 1600. Je succédai à Jacques I, mon père, en 1625. J'épousai, la même année, Henriette de France, fille de Henri IV. Mon règne commença par des mécontentemens et fut terminé par un attentat sur ma personne. La faveur de Buckingham, l'expédition malheureuse à la Rochelle, les conseils violens de Guillaume Laud, archevêque de Cantorbéri, produisirent les plus grands murmures. Les Écossais armèrent contre moi. Le feu de la guerre civile éclata de toute part. Un traité ayant pour objet la fin des troubles fut conclu; mais il était équivoque. Je congédiai mon armée. Les Écossais, soutenus secrètement par

* Roi d'Angleterre, d'Ecosse et d'Irlande.

Richelieu, feignirent de renvoyer leurs
troupes, et les augmentèrent. Trompé
par mes sujets infidèles, je me vois forcé
à de nouveaux préparatifs de guerre;
j'assemble les pairs du royaume ; je con-
voque le parlement; je ne trouve partout que des factieux. Le comte de
Stafford était mon unique soutien. On
m'accuse d'avoir voulu détruire la réfor-
mation de la liberté. Sous ce prétexte,
on m'intente un procès, et je suis condamné à mort. Forcé de signer ma condamnation, j'assemble un nouveau parlement. On y décida qu'il faudrait le
concours des deux chambres pour la
cassation. La sentence de mort ne fut
pas exécutée; mais deux ans après, je
fus expulsé de Londres. La monarchie
anglaise fut alors renversée avec moi.
En vain je livrai plusieurs batailles aux
parlementaires. La perte de celle de
Nazerbi, en 1645, fut décisive. Déses-

péré, j'allai me jeter dans les bras de l'armée d'Écosse, qui me livra au parlement anglais. Je fus informé de cette lâcheté. Je m'écriai que *j'aimais mieux être avec ceux qui m'avaient acheté qu'avec ceux qui m'avaient vendu.* La chambre des communes établit un comité de dix-huit membres, pour dresser contre moi des accusations judiciaires. On me condamna bientôt à périr sur l'échafaud. J'eus la tête tranchée le 9 février 1649, dans la 49ᵉ année de mon âge, et la 25ᵉ de mon règne. La chambre des pairs fut supprimée; le serment de suprématie et de fidélité fut aboli; et tout le pouvoir remis entre les mains du peuple qui venait de tremper ses mains dans mon sang. Cromwell, principal auteur de ma mort, ayant été déclaré général perpétuel des troupes de l'état, régna despotiquement, sous le titre de *protecteur.*

Ma contenance dans les revers et dans le supplice étonna mes ennemis. Les plus envenimés ne purent s'empêcher de dire que *j'étais mort avec plus de grandeur que je n'avais vécu, et que je prouvais ce qu'on avait dit des Stuarts :* « Qu'ils soutenaient le malheur mieux « que la prospérité. »

On m'honore aujourd'hui comme un martyr de la religion anglicane. Le jour de ma mort est célébré par une abstinence générale, connue sous le nom de *jeûne expiatoire.*

On a dit de moi : « Charles fut bon « maître, bon ami, bon père, bon époux; « mais il fut mal conseillé. »

CHAUVEREAU. (*Voyez Lherbette de-St.-Charles.*)

CONCINI. Je naquis en Toscane, et fus amené en France, en 1600, par Marie de Médicis. J'eus pour femme Léonore Galigaï, fille de la nourrice de la

reine. *Je devins maréchal de France,
sans avoir, a-t-on dit, jamais tiré l'épée,
et ministre sans connaître les lois du
royaume.* Louis XIII, qui se laissait
gouverner par son favori de Luynes, fit
arrêter le *maréchal d'Ancre*; c'est le
nom sous lequel j'étais connu.

Vitry me demanda mon épée, de la
part du roi; et sur mon refus, il me fit
tuer à coups de pistolet, sur le pont-
levis du Louvre, le 24 avril 1617.

D'abord enterré, je fus ensuite exhumé par ceux des fanatiques dont la
religion n'était pas la mienne. Mon cadavre fut traîné dans les rues, et coupé
en mille morceaux. Un scélérat m'arracha le cœur, le fit cuire sur des char-
bons, et le mangea publiquement.

N. B. Aucun tribunal n'ayant condamné à mort le *maréchal d'Ancre*, on
ne peut convenir, rigoureusement parlant, que celui-ci fasse partie des *inno-*

cens condamnés ou *victimes des lois*;
mais son article, quoique hors-d'œuvre,
en quelque sorte, a paru devoir se trouver parmi les notices où l'on a classé
l'article Galigaï.

DOLET. Je n'avais jamais fait brûler
des hommes en l'honneur du bon Dieu.
Les disciples de Jésus ne furent pas sa-
tisfaits de mes principes d'humanité.
Ce sont eux qui furent mes délateurs;
et bientôt, les magistrats, obéissant
aux perturbateurs de tous les peuples,
me firent brûler vif à Paris, place Mau-
bert, le 3 août 1546.

EFENDI. Des fanatiques turcs, mes
compatriotes, m'accusèrent d'avoir refusé ma vénération à Mahomet. Je fus
exécuté à Constantinople. J'avais dit en
mourant : « Mon supplice ne prouve pas
« qu'un ami de la raison et de la vérité
« meure coupable. »

GALIGAÏ. * Je fus accusée de sorcellerie. Je répondis au juge qui me demandait *quels charmes j'avais employés pour ensorceler la reine Marie de Médicis* ** :

« Mon sortilége a été le pouvoir que « les ames fortes ont sur les esprits fai- « bles. »

Je fus condamnée et brûlée comme sorcière.

GERMAIN. (Voyez *Lherbette-de-Saint-Charles.*)

GRANDIER. J'étais chanoine et curé de Loudun. L'éloquence fut ma grande passion. Mes succès excitèrent l'envie des congrégations religieuses, dont l'influence a toujours été funeste. J'étais directeur des Ursulines. On m'accusa devant l'official de Poitiers de crimes d'impureté. Je fus privé de mes béné-

* Épouse de Concini, maréchal d'Ancre.
** Épouse de Henri IV.

fices en 1629, et renfermé dans un sé-
minaire. J'en appelai comme d'abus, je
gagnai ma cause; le présidial de Poitiers
me déclara innocent.

Trois ans après ma mise en liberté,
mes ennemis, les ecclésiastiques, me
suscitèrent une affaire bien plus funeste
que celle dont je viens de parler. Le
bruit se répandit parmi le peuple de
Loudun, que les Ursulines étaient possédées par les démons, et que j'étais
sorcier. On imputait alors le crime de
magie aux hommes les plus recomman-
dables que le fanatisme voulait perdre.
Mon supplice fut la plus douce espérance des moines et de leurs dupes. Le
fameux père Joseph, capucin, confes-
seur de Richelieu, fit entendre à ce car-
dinal-ministre que j'étais l'auteur de la
satire intitulée *la Cordonnière*. Le cruel
Armand, plus sensible aux libelles qu'il
n'aurait dû l'être, saisit l'occasion de se

défaire de moi. Laubardemont, créature du ministre despote et sanguinaire, chargea douze juges fanatiques de m'intenter un procès criminel. On me fit souffrir la torture. On entendit les dépositions du diable Astaroth, de Nepthalim et de dix autres diables. Suivant les juges et le petit peuple, de pareilles dépositions ne pouvaient être suspectes.

Je fus condamné à être brûlé vif, comme coupable du crime de *magie*. La sentence fut exécutée en 1634. Le courage avec lequel j'endurai le supplice fut attribué à la sorcellerie. Pendant que j'étais sur le bûcher, on aperçut une grosse mouche qui volait au-dessus de ma tête. Un moine, présent à l'exécution, et qui avait ouï dire que Belzébut, en hébreu, signifie *dieu des mouches*, s'écria que c'était le diable Belzébut qui volait autour de moi pour emporter mon âme aux enfers.

Il est facile d'expliquer comment une vingtaine de religieuses avaient pu se croire possédées. Ma figure avait fait impression sur les béates ; mais honteuses de leur faiblesse, elles aimèrent mieux mettre en scène les diables, que de découvrir certains mouvemens inspirés par la présence d'un homme. Je n'avais satisfait ni même deviné leur passion. Leur dépit ne pouvait donc m'être favorable auprès de mes juges, instrumens du fanatisme des moines et des vengeances de Richelieu.

GRUET. Je fus décapité à Genève, en 1549. Je m'étais prononcé contre Calvin et contre tous les propagateurs du mensonge qui vendent les fables les plus absurdes à la stupide crédulité.

HUS. On ne craignit pas de me condamner à être brûlé vif, quoique j'eusse beaucoup de partisans. Je fus exécuté dans le quinzième siècle, à Constance

en Suisse. De mes cendres sortit une
guerre civile. Mes quarante mille sectateurs inondèrent de sang la Bohème.
Tous les prêtres qu'ils rencontraient
payaient de leur tête l'atroce stupidité
des magistrats de Constance.

LESURQUES. Je fus accusé d'avoir assassiné le courrier de Lyon. La ressemblance de mes cheveux blonds avec la
perruque blonde du véritable assassin
fut la cause de mon malheur. Condamné
à mort par le tribunal criminel du dé-
partement de la Seine, je fus exécuté
le 30 octobre 1796. Après avoir entendu l'arrêt fatal, mon ame fut saisie d'effroi et de douleur, d'étonnement et
d'indignation. Une pâleur mortelle se
répandit sur mon visage. Mais recueil-
lant bientôt toutes mes forces, j'élevai
la voix :

« Sans doute, m'écriai-je, le crime
« dont on m'accuse est horrible ; mais

« s'il est affreux d'assassiner sur une
« grande route, il ne l'est pas moins
« d'abuser de la loi pour frapper un
« innocent. Le moment viendra où mon
« innocence sera reconnue, et c'est
« alors que mon sang rejaillira sur la
« tête des jurés qui m'ont trop légère-
« ment condamné, et sur celle du juge
« qui les a influencés. »

Peu d'instans après ces plaintes amères, j'écrivis les deux lettres que je dois
rappeler aux législateurs et aux magistrats :

PREMIÈRE LETTRE :

« Quand tu liras cette lettre, je n'exis-
« terai plus ; un fer cruel aura tranché
« le fil de mes jours que je t'avais con-
« sacrés avec tant de plaisir. Mais telle
« est la destinée ; on ne peut la fuir en
« aucun cas. Je devais être assassiné ju-
« ridiquement. Ah ! j'ai subi mon sort

« avec constance et un courage digne
« d'un homme tel que moi. Puis-je es-
« pérer que tu imiteras mon exemple ?
« Ta vie n'est point à toi, tu la dois
« tout entière à tes enfans et à ton
« époux, s'il te fut cher. C'est le seul
« vœu que je puisse former.

   « On te remettra mes cheveux, que
« tu voudras bien conserver, et lorsque
« mes enfans seront grands, tu les leur
« partageras ; c'est le seul héritage que
« je leur laisse.

   « Je te dis un éternel adieu. Mon
« dernier soupir sera pour toi et mes
« malheureux enfans. »

   N. B. La lettre ci-dessus était adres-
sée à la *citoyenne veuve Lesurques.*

SECONDE LETTRE.

Près de sortir de la conciergerie du Palais-de-Justice,
   j'écrivis à Dubosq, à la place duquel j'allais périr,
   et je conjurai mes juges de faire insérer cette lettre
   dans les journaux :

   « Vous, au lieu duquel je vais mourir,

« contentez-vous du sacrifice de ma vie.
« Si jamais vous êtes traduit en justice,
« souvenez-vous de mes trois enfans
« couverts d'opprobre, de leur mère au
« désespoir, et ne prolongez pas tant
« d'infortunes causées par la plus fu-
« neste ressemblance. »

Je demandai à aller au supplice avec
des vêtemens blancs ; je montai avec
calme dans la fatale voiture, et je m'assis
auprès de *Courriol*, qui, toujours fidèle
à sa conscience, ne cessa, sur toute la
route, et jusqu'au pied de l'échafaud,
de s'écrier : *je suis coupable*, mais *Lesurques* est innocent.

LHERBETTE DE ST-CHARLES. M. Brillon de St-Cyr était détenu à la prison
de la Bourbe. Avant son arrestation,
il avait enterré douze mille francs en
or, dans sa cave, à Paris, rue de Berry,
au Marais.

Une loi postérieure à son emprison-

nement déclara que tous les trésors en-
fouis appartenaient à la république, et
que le propriétaire d'un trésor serait
regardé comme voleur de deniers publics, s'il le déterrait. Sur ces entrefai-
tes, M. Brillon de St-Cyr m'écrivit pour
me prier de transporter les douze mille
francs et de les mettre en lieu de sûreté.
Je crus devoir remplir ses intentions.
Je me fis accompagner de MM. Germain
et Bellet, parens et amis intimes de
M. Brillon. Nous emportâmes la somme,
M. Bellet en fut le dépositaire. Celui-ci
la remit à sa mère, à Soisy-sous-
Étioles.

Deux ou trois mois s'étaient écoulés
lorsqu'une visite fut faite dans la cave
de M. Brillon, par des membres du comité révolutionnaire qui avaient compté
y trouver du salpètre. Ils y trouvèrent
malheureusement sur l'escalier la feuille
de plomb qui avait renfermé les douze

mille francs, et que nous n'avions pas eu la précaution d'emporter.

Le portier fut interrogé sur les personnes qui venaient dans la maison. Il indiqua MM. Germain, Bellet, Lherbette et Chauvereau. Observons que ce dernier n'était venu que cette seule fois chez M. Brillon pour rendre compte à M. Germain d'une commission.

Revenons à la somme dont M. Chauvereau n'avait pas connaissance. On nous accusa de l'avoir envoyée à des émigrés, quoique d'après nos renseignemens le tribunal s'en fût emparé à Soisy-sous-Étioles, avant même le jugement qui fut rendu contre nous. Le croira-t-on sans étonnement? nous fûmes tous ensemble condamnés à mort.

Liszinski. J'avais trouvé moins de clarté, moins d'évidence dans les définitions relatives à Dieu, que dans cette proposition : $2 \times 2 = 4$. Fléchier a très-bien exprimé ma pensée dans ce vers :

Pour savoir ce qu'il est, il faut être lui-même.

Plus heureux que moi, l'évêque de Nîmes n'a pas été condamné à mort. Je fus décapité, comme impie, et brûlé à Grodno, le 30 mars 1689.

Louis XVI. Mon supplice n'est que trop célèbre. Je ne puis le reprocher ni à la presque moitié de la Convention nationale *, ni à l'immense majorité des citoyens français.

J'ai dû pardonner à mes ennemis. Je me suis acquitté, dans mon testament, de ce devoir sacré, imposé par la religion à toute ame qui place la générosité au-dessus de la vengeance.

* Nous allons citer quelques-unes des paroles prononcées à la tribune nationale, avant la condamnation d'un prince infortuné dont la mort fut suivie de guerres civiles et du règne de la sanglante anarchie :

1. La soif de la vengeance et du sang n'est que dans les individus et les factions, jamais dans une grande nation prise en masse, surtout lorsqu'elle est victorieuse. La peine de mort est absurde, barbare, propre à rendre les mœurs féroces, et une des grandes causes des maux dont gémit la société. *Bancal.*

2. N'est-il pas tems que le sang français cesse de couler ? *Bonguyode.*

3. Je crois qu'il suffit d'enlever au condamné les moyens de nuire. *Cappin.*

4. Je ne crois pas la mort nécessaire au salut du peuple français. *Casabianca.*

5. Toute différence de peine pour les mêmes crimes est un attentat contre l'égalité. La peine contre les conspirateurs est la mort ; mais cette peine est contre mes principes, je ne la voterai jamais.
Condorcet.

6. Il me paraît malheureux que les hommes qui font les lois puissent ordonner la mort d'un homme.
Creuzé-Latouche.

7. Je suis intimement convaincu que la gloire du peuple français est inséparable de ses intérêts ; et je ne crois pas qu'ils lui permettent de frapper un ennemi vaincu. *Cussy.*

8. Je ne pense pas qu'un homme ait le droit d'ôter la vie à son semblable. *Defermon.*

9. Il n'entrera jamais dans mes principes de voter la peine de mort contre mon semblable. *Dufestel.*

10. Il y a long-tems que j'ai manifesté mon vœu le plus positif pour la suppression de la peine de mort. *Dufriche-Valazé.*

11. Je crois qu'on peut être très-bon patriote sans tuer son ennemi par terre. *Dusaulx.*

12. Ma conscience me défend de voter la peine de mort. *Fay.*

13. La mort du coupable ne peut réparer le crime commis. *Fourny.*

14. La peine de mort m'a toujours semblé immorale et contraire à son but. *Garran Coulon.*

15. Jamais la liberté d'un peuple n'a dépendu de la mort d'un homme, mais bien de l'opinion publique et de la volonté d'être libre. *Grangeneuve.*

16. Je voudrais voir effacer la mort du Code pénal. *Guyomond.*

17. Il est contraire à mes principes de prononcer la peine de mort. *Jard Panvillier.*

18. La peine de mort est contraire à mes principes.
Jourdan.

19. Si j'étais juge, je voterais par clémence, et non par haine : car c'est ainsi seulement que j'espère-

8.

rais d'être le véritable interprète d'une nation géné-
reuse. Comme législateur, l'idée d'une nation qui se
venge ne peut entrer dans mon esprit ; l'inégalité
d'une telle lutte le révolte. *Kersaint.*

20. Le peuple n'a pas le droit d'égorger un prisonnier vaincu. *Lanjuinais.*

21. La nature a mis dans mon cœur une invinci-
ble horreur pour l'effusion du sang. Je pense que
l'homme n'a pas le droit de condamner l'homme à
la mort. *Lepage.*

22. Des lois de sang ne sont pas plus dans les
mœurs que dans les principes d'une république. La
peine de mort était à supprimer le jour même où une
autre puissance que la loi l'a fait subir dans les prisons. Le droit de mort n'appartient qu'à la nature.
Le despotisme le lui avait pris ; la liberté le lui
rendra. *Manuel.*

23. Cette peine barbare ne devrait plus souiller
notre Code. *Marquis.*

24. La vengeance la plus utile à la république
que l'on puisse tirer du sang versé, est d'en prévenir une nouvelle effusion. *Rabaut-Pommier.*

25. Je veux donner à ma nation, non la férocité
du tigre qui déchire, mais le courage du lion qui
méprise. *Rabaut-St.-Étienne.*

26. Je partage l'opinion de ceux qui pensent que la peine de mort doit être effacée de notre Code pénal. *Réal.*

27. Je suis convaincu que la peine de mort, infligée à un criminel quelconque, est absolument contraire à la nature et à la raison ; je suis convaincu que la stabilité d'une république bien fondée ne dépend ni de la vie ni de la mort d'un individu ; que tuer un tyran a toujours été la dernière ressource de la tyrannie. *Villar.*

28. Serait-il vrai que la tête d'un seul homme, abattu ou conservé, pût changer la destinée d'un empire ? *Villette.*

LYDIENS. (*C'est un Lydien qui parle.*)
Une grande sécheresse désolait la Lydie. Noxus, roi de ce pays, voulant apaiser les dieux, résolut de détruire la ville de Crabus, dont mes concitoyens passaient pour athées. Nous fûmes attaqués. Notre défense devint inutile ; la place fut prise d'assaut. Ceux qui l'avaient défendue furent noyés dans un lac voisin de la ville.

MACÉDONIENS. (*C'est un habitant de*

*Thessalonique, capitale de la Macé-
doine, qui s'exprime ainsi:*)

Nous fûmes passés au fil de l'épée,
en 390, par ordre de Théodose, dix
ans après que cet empereur eut embrassé le christianisme, et que, par une
loi, il eut commandé à tous ses sujets
de reconnaître le père, le fils et le saint-
esprit comme un seul Dieu en trois personnes. C'est une telle loi qui valut à
Théodose le surnom de GRAND: il serait
peu raisonnable de croire qu'il l'eût obtenu en ordonnant le massacre de plus
de sept mille victimes de sa cruauté.

MALESHERBES *. Je naquis à Paris, le
16 décembre 1721. Je fus successivement substitut du procureur-général,
conseiller au parlement, et président à
la cour des Aides. Je remplis vingt-cinq
ans les fonctions de cette dernière place
à laquelle j'avais été nommé en 1750.

* Lamoignon de.

Je m'opposai fortement à la création
des impôts et à celle des tribunaux
d'exception, pour fait de contrebande.
« Personne, disais-je là-dessus au Roi,
« n'est assez grand pour braver le res-
« sentiment d'un ministre, ni assez petit
« pour échapper à celui d'un commis. »

Je fus nommé ministre d'état. Je vi-
sitai les prisons et j'en fis sortir les détenus par actes arbitraires. J'y établis
des filatures de coton et des métiers.
J'avais fait du bien, je fus exilé de la
cour, où je m'étais regardé comme une
plante étrangère. Je voyageai, sous le
nom de M. Guillaume, en France, en
Suisse et en Hollande. Rentré en France, je vécus dans une de mes terres
jusqu'à l'époque où j'écrivis au président de la Convention nationale, que je
demandais à défendre celui dont la
confiance m'avait autrefois appelé au
conseil d'état. Je fus introduit au Tem-

ple le 14 décembre 1792, auprès de Louis XVI. Ce prince courut à ma rencontre, et me serra dans ses bras. Après avoir concouru à sa défense avec un entier dévoûment, j'eus le courage de lui annoncer le décret qui le condamnait à mort. « Je m'y étais attendu, « répondit Louis avec calme. Au nom « de Dieu, mon cher Malesherbes, ne « pleurez pas. Nous nous verrons dans « un monde plus heureux que celui-ci. »

Bientôt, en effet, je suivis le prince infortuné. Je fus conduit aux Madelonettes, et ensuite à Port-Royal. Arrivé dans cette dernière maison d'arrêt, j'y fus reconnu par un père de famille qui avait occupé une place dans mes bureaux. « Eh quoi! me dit-il, est-ce bien « vous, monsieur, que je vois? —Oui, « mon cher, je deviens mauvais sujet « sur la fin de mes jours, et je me fais « mettre en prison. » On ne tarda pas à me condamner à mort avec deux de mes enfans. Je traversais la cour de la conciergerie du palais de justice pour monter sur le fatal tombereau, lorsque je me heurtai contre une pierre. « Oh ! oh ! « m'écriai-je, voilà un mauvais présage: « à ma place, un Romain serait rentré. » La sérénité du courage m'accompagna sur l'échafaud où mes enfans furent décapités avant moi.

On m'a élevé un monument dans le même palais de justice où je fus condamné à mort.

MONTMORENCY [*]. En 1625, je battis la flotte des calvinistes, près de l'île de Rhé, et repris cette île dont ils s'étaient rendus maîtres. Le gouvernement de ma conquête ne me fut point accordé. Richelieu le fit donner à M. de Toiras.

---

[*] Henri II, duc de Montmorency, pair et amiral de France, né le 30 avril 1795, décapité dans l'hôtel-de-ville de Toulouse, le 30 octobre 1632.

Loin de témoigner le moindre mécon-
tentement à mon rival, je lui abandon-
nai pour plus de cent mille écus de
munitions qui m'appartenaient comme
amiral. On me représenta que mon sacrifice était trop considérable. Ma réponse fut : « Je ne suis pas venu pour
« gagner du bien, mais pour acquérir
« de la gloire. »

Lorsqu'en 1626, on parlait du siége
de la Rochelle, ville qui était le boule-
vart du calvinisme, fatigué des lon-
gueurs qu'on apportait à l'expédition,
j'allai trouver le chancelier d'Aligre.
Je lui déclarai que si le roi voulait me
donner le commandement d'une armée
de terre avec celui de la flotte, je m'en-
gageais à prendre la Rochelle en peu
de tems. « Qu'on ne me parle pas de
« l'épuisement des finances; j'offre de
« faire toutes les avances de l'entreprise.
« Si je ne réussis pas, je serai puni par

« la perte de mon bien et de ma répu-
« tation; si la fortune couronne mon
« zèle, l'honneur d'avoir servi l'état me
« tiendra lieu de récompense. » Le chancelier, la cour et les ministres admi-
rèrent mon dévouement; mais le cardinal de Richelieu se réservait la gloire
de conquérir lui-même la Rochelle. Il
se réservait aussi le plaisir de faire
tomber ma tête. Il persuada au roi,
après l'affaire de Castelnaudari, que
j'étais coupable de lèse-majesté, qu'il
ne fallait pas avoir égard à mes actions
toujours honorables avant que j'eusse
embrassé le parti de Gaston, duc d'Or-
léans, frère de Louis XIII, et qu'il était
indispensable de donner un exemple
qui épouvantât les grands.

Toute la France et les puissances
étrangères s'intéressèrent à mon sort,
mais inutilement. Hai-du-Châtelet, maître des requêtes, quoique dévoué au

cardinal, ne put dissimuler sa tristesse.
Le roi lui dit : « Je pense que vous vou-
« driez avoir perdu un bras, et sauver
« M. de Montmorency. »— « Je voudrais
« les avoir perdus tous les deux, sire,
« s'écria-t-il en pleurant, et vous en
« avoir sauvé un qui vous a gagné, et
« qui vous gagnerait encore des batailles.»

Quels que fussent les sentimens de
Louis XIII, la volonté suprême du mi-
nistre-cardinal l'emporta sur toutes les
considérations : je fus décapité.

Morus *. C'est en récompense de
mes services, en qualité d'ambassadeur,
que Henri VIII me nomma chancelier;
et c'est à l'occasion du refus que je fis
à ce prince cruel de le regarder comme
chef suprême de l'église, qu'il me fit
trancher la tête. Je disais des casuistes
qu'ils semblent s'attacher, non pas à

---

* Thomas M., chancelier d'Angleterre, né vers
l'an 1483, mort en 1534, auteur de l'*Utopie*.

garantir les hommes du péché, mais à leur apprendre jusqu'où l'on peut approcher du péché sans pécher: *Quàm propè ad peccatum liceat accedere sine peccato.*

NOEL. Je n'avais pas prostitué mon adoration. Je n'avais adoré que le Dieu de l'univers. Des prêtres m'accusèrent d'irréligion, d'impiété, d'athéisme, et me firent brûler dans la ville de Metz. Puisse la postérité connaître la perfidie de ceux qui me font périr avec autant de cruauté que d'injustice !

PHOCION. Les Athéniens me chargèrent quarante-cinq fois du gouvernement de la république. J'étais trop austère pour plaire long-tems à un peuple frivole. Après la conquête du port de Pirée, on m'accusa de trahison. Un arrêt de mort fut le prix de mes services. Un ami vint me trouver dans mon cachot, et me dit en pleurant : « Oh ! mon

« cher Phocion, que vous souffrez là
« un traitement injuste ! — Oui ; je de-
« vais m'y attendre : c'est le sort qu'ont
« éprouvé les plus illustres citoyens
« d'Athènes. »

PRISCILLIEN. Nous fûmes condamnés
à mort, moi et mes nombreux disciples,
sans avoir fait aucun tort à la société.
Nous eûmes pour ennemis deux évêques. Le témoignage que je vais citer
en notre faveur n'est pas suspect.

Saint Martin de Tours s'exprima ainsi :
« L'accusation intentée contre tant
« d'infortunés est souverainement in-
« juste : formée par les deux évêques
« Ithace et Ipace, elle ne peut que dés-
« honorer l'épiscopat. »

PRODICUS. Disciple de Protagoras, et
maître d'Euripide, de Socrate, de Thé-
ramène et d'Isocrate, j'ai fait parler,
dans un dialogue, la vertu et la volupté
qui, épuisant leur éloquence, aspiraient

l'une et l'autre à la possession du cœur d'Hercule, alors adolescent. J'ai fait triompher la vertu pour illustrer le jeune héros. Les prêtres d'Athènes m'ont accusé cependant d'être le corrupteur de la jeunesse, et m'ont fait condamner à boire la ciguë.

Puccius. Je fus brûlé à Rome, pour avoir dit que *l'homme de bien serait sauvé, quelle que fût sa religion.*

Ristvik. D'après l'impulsion de ma conscience, et sans avoir été salarié par l'état, j'avais affirmé que la morale universelle est préférable à toute morale particulière, modifiée par des prêtres. Ceux-ci ne manquèrent pas de prouver l'excellence de leur doctrine en me faisant brûler à La Haye, en 1512.

Servet. Je naquis à Villeneuve-en-Aragon, l'an 1509. La médecine fut ma profession. J'avais adressé à Calvin des questions embarrassantes sur des mys-

tères de religion. La réponse à mes
doutes fut une sentence que mon ennemi avait sollicitée. Je fus brûlé vif à
Genève, en 1553.

SOCRATE. Des prêtres athéniens *
furent mes accusateurs, et me firent
condamner à boire la ciguë. « Quoi ! tu
« es innocent, me dit Xantippe mon
« épouse, et tu meurs au nom des lois ! »
—« Voudrais-tu donc que je fusse cou-
« pable ? »

SORANUS. Je fis mes délices de la poésie latine. Je vécus sous le règne de
Jules César. Je fus condamné à mort
par des juges ignorans. Mon opinion
sur la divinité avait paru criminelle.
J'avais dit :

*Jupiter omnipotens, regum rex, ipse deusque,
Progenitor genitrixque deûm, deus unus et omnis.*

THÉODORE DE CYRÈNE. Je fus disci-

* Xantus, Mélitus et Anitus.

ple d'Aristippe. J'enseignai que *les amis de la vérité eurent souvent pour accusateurs les ministres des autels*. Mon sort prouva ce que j'avais dit : je fus condamné à m'empoisonner.

THOU *. Le secret d'une conspiration contre le cardinal de Richelieu, funeste secret que m'avait confié Henri d'Effiat, marquis de *Cinq-Mars*, fut la cause de mon supplice. J'eus la tête tranchée, à Lyon, en 1642, âgé de 35 ans.

On pleura généralement un homme qui périssait pour n'avoir pas été le délateur de son ami.

Richelieu avait saisi l'occasion d'exercer son insatiable vengeance sur le fils de l'historien qui avait dit d'un grand oncle du cardinal, en parlant de la conjuration d'Amboise, en 1760 : *Antonius Plessiacus-Richellius, vulgò dictus monachus, quòd eam vitam professus fuis-*

* François-Auguste de.

set, dein vero ejurato, omni licentiâ ac libidinis genere contaminasset.

Le ministre vindicatif s'étant rappelé ces mots, s'écria : « De Thou, le père, « a mis mon nom dans son histoire ; je « mettrai le fils dans la mienne ; » et méprisant le jugement de la postérité, autant que la haine de ses contemporains, il ne roula dans son cœur que l'adage des tyrans : *Oderint dùm metuant.*

TRUMEAU. Je fus mis à mort à Paris, en 1803, le *vendredi saint.* J'avais été accusé d'avoir empoisonné mes deux filles. J'eus beau affirmer, assurer, que j'étais innocent, et le protester devant les jurés, devant les juges, sur le fatal tombereau et sur l'échafaud : je fus exécuté. Le sang de Lesurques n'avait pas étanché la soif des accusateurs, des jurés et des juges ; il fallut une nouvelle victime, et je fus immolé sept ans après l'infortuné à qui l'assassinat du courrier

de Lyon avait été imputé. Ma mort n'a-
paisa point mes ennemis. Un libelle fut
vendu à grands cris dans les rues. Plus
mon innocence était évidente, plus on
me chargea de crimes. Tous les mar-
chands d'actes d'accusation et d'arrêts
de mort furent mis sur pied pour me
noircir par leurs révoltantes vociférations; mais la vérité a percé enfin le
nuage: le nom d'Augustin Trumeau a
été ajouté à la très-longue liste des innocens condamnés à mort.

VANINI. Des théologiens me firent
couper la langue, pour m'empêcher de
rendre à la vérité mon dernier hom-
mage, sur le bûcher où je fus dévoré
par les flammes. J'avais 34 ans. Mon supplice, à Toulouse, le 19 février 1619,
pénétra d'indignation les gens de bien.
Qu'avais-je fait ? j'avais composé, entre
autres ouvrages, mon livre ayant pour
titre: *De admirandis naturæ, reginæ*

deæque mortalium, *arcanis*. On trouva
plus facile de me brûler que de me ré-
futer. Un biographe et la foule des co-
pistes m'ont gratifié du nom de *scélérat* :
c'est ainsi que sont qualifiées les victimes des lois.

QUATRIÈME ESSAI.

DISCOURS EN VERS

SUR

LE MEURTRE PUBLIC.

Vainement la splendeur des siècles de lumières
Recule de l'esprit les antiques barrières :
Un voile ténébreux est partout étendu ;
Le meurtre avec la peine est encor confondu ;
Et nos fières cités, au massacre aguerries,
Sont toujours les échos de ces noires furies
Dont la bouche de fer, annonçant le transport,
En longs mugissemens criait : VIVE LA MORT !
Mais si de la raison la loi tient sa puissance,
Pourquoi des assassins lui prêter la démence ?
La loi sans la raison trahit les potentats,
Menace la patrie, ébranle les états.
L'usage cependant veut rendre légitime
Le pouvoir de détruire une faible victime,

Et d'endurcir le cœur et d'égarer l'esprit.

La peine est un devoir, au nom des lois prescrit,
Si le crime ou l'erreur enfante des coupables.
La mort est au-delà des peines véritables ;
On ne peut allier la mort et les travaux ;
La peine cesse d'être où finissent les maux.
Ainsi, la loi réserve, en ses erreurs communes,
Pour des fils innocents le poids des infortunes.
Mais, quand elle a flétri les fils des condamnés,
Sèche-t-elle les pleurs de ces infortunés ?
Répare-t-elle en moi les torts de la justice
Qui, deux fois, par méprise, ordonna mon supplice ?
Plus attentive au mal que favorable au bien,
La loi frappe en aveugle, et ne répare rien.
Ah ! comment réparer la perte de la vie,
Ou de la liberté, long-temps, long-temps ravie ?....
Un pied dans le tombeau, je ne me plaindrai pas ;
Mais, avant d'expirer, je demande aux états :
Souffrirez-vous toujours que des arrêts tragiques
Fassent couler le sang sur nos places publiques ?
Là s'ouvre le spectacle où le peuple empressé
Dévore de ses yeux un échafaud dressé,

Le sacrificateur, le prêtre et la victime.

Le fer va-t-il frapper l'innocence ou le crime?....

Il tombe, mais le peuple ouvre l'œil sans frémir.

Orphelins malheureux, vous entend-il gémir?

Entend-il les sanglots des familles mourantes?

Voit-il du désespoir les scènes déchirantes?

Il voit des troncs sanglans, flétris par les bourreaux;

Mais verra-t-il des fruits attachés aux rameaux?

La mère, les enfans, l'innocent, le coupable,

Tout périt par l'effet d'une loi redoutable,

Prétexte des tyrans, dont la noire fureur,

Sous le nom de justice, enfantant la terreur,

Dicte ces mots affreux : «Pour calmer les tempêtes,

« Il faut frapper le peuple et suspendre des têtes.

« Tremblez, ô nations! rassurez-vous, ô rois!

« Le carnage et la mort font respecter les lois. »

Beccaria, Servan, vous dont l'heureux génie

Combattit du pouvoir la longue tyrannie;

Courageux Dupaty qu'admira l'univers,

Et toi, La Chalotais, plus grand que tes revers,

Inspirez-moi ce feu qui brille en vos ouvrages,

Et qui vous fait revivre en vos brûlantes pages.

Fécondez mes accens, j'ouvre votre tombeau,
Démosthène français, véhément Mirabeau;
Et vous, mânes de Foy, dont la noble influence
Oppose les Dupin aux Xantus de la France;
Venez, embrasez-moi, célèbres orateurs:
Des sentences de mort je combats les fauteurs.

 Est-ce en vain qu'autrefois, réprimant la justice,
J'aurai fait abolir ce funeste supplice,
Fécond en attentats, destructeur des vertus,
Commandé par Néron, et proscrit par Titus?
Moi, j'aurais vainement invoqué les lumières
Contre la cruauté de nos lois meurtrières!
Animé par ta voix, illustre Lanjuinais,
Je reviens au combat, j'y cours, je suis Français.
Les dangers ne sont rien : ou mourir avec gloire,
Ou de l'humanité proclamer la victoire.
Indigné du sang froid des modernes Dracons,
J'allume de mon cœur les sentimens profonds.
Je veux, armé contre eux et contre leurs systèmes,
Les sauver de la faux qui les menace eux-mêmes.
Heureux ou malheureux en élevant la voix,
Je dirai : j'ai voulu la réforme des lois ;

Les véritables lois ne sont pas sanguinaires,
Et ne se couvrent pas de meurtres volontaires,
Préparés par la main des tyrans destructeurs
Contre le repentir ou l'innocence en pleurs.

De son glaive coupable affranchir la justice,
Pour sauver l'innocent abolir le supplice ;
Punir sans le trépas, servir l'humanité,
Voilà de mes accens le sujet médité.

Puissé un nouveau Titus *, père de la patrie,
Éclairant des états la puissance flétrie,
Ennoblir de Thémis les autels profanés,
Trop long-tems aux licteurs, hélas ! abandonnés ;
Puisse-t-il, juste, humain, favori de la gloire,
A la reconnaissance allier sa mémoire ;
Et du crime asservi trompant les vains efforts,
Soumettre le coupable à d'utiles remords,
Ou rompre les liens d'une injuste sentence,
Si pour le crime obscur on a pris l'apparence,
Et rendre à sa famille, après de longs revers,
L'innocent que le juge avait chargé de fers.

* Allusion à l'auguste père de famille, prince français, qui
dispense à pleines mains des encouragemens aux lettres, aux
sciences, à l'agriculture, aux arts et au commerce.

Des funestes erreurs dévoilons la plus grande :
La loi punit le meurtre et la loi le commande.
Ainsi, la loi suppose, au nom de l'équité,
Que le meurtre est un bien quand il est répété.
Les injustes arrêts de mille aréopages,
Et le sort des martyrs qu'ont pleuré tous les âges,
Et la noire vengeance, extrême en ses forfaits :
Tels sont des lois de sang les étranges bienfaits.
Victime des bourreaux, l'innocence est flétrie ;
La veuve de ses pleurs inonde la patrie ;
L'orphelin la remplit de ses gémissemens.…
De mortels massacrés je vois les ossemens ;
Je les vois s'élever en monceaux effroyables ;
Et nos lois resteront de sang insatiables !….
Des justes ont péri sous le fer des bourreaux ;
Et le juste accusé craindra les échafauds !…..
    Pour les accusateurs l'oreille complaisante
Aime leur imposture et la rend triomphante ;
Mais on écoute peu l'illustre Phocion ;
Il succombe, la mort suit la prévention.

Tu l'as pleuré long-tems, ô Grèce infortunée !
Puissent les nations changer ta destinée,
Servir la liberté sur la terre et les mers,
Et d'un vainqueur barbare affranchir l'univers !
Sa puissance absolue est l'opprobre du monde.
Peuples ! vous sortirez de la stupeur profonde
Dont vous frappe soudain le désastre nouveau :
Hélas ! Missolonghi n'est plus qu'un grand tombeau...
« L'héroïque cité, diront un jour nos fastes,
« Se plongeant tout entière en ses abîmes vastes,
« Se délivra du joug de la férocité,
« Pour n'offrir que des morts à la brutalité. »

    Croit-on que l'appareil des formes juridiques
Justifie à nos yeux les cruautés publiques ?
Mais l'appareil du meurtre en accroît la noirceur ;
Plus il est préparé, plus il nous fait horreur.
Sous les formes, un fourbe immole à l'imposture
Les droits de la raison, les droits de la nature ;
Sous les formes, l'erreur se glisse, nous séduit,
Et de la vérité la lumière s'enfuit ;
Sous les formes, souvent l'adroite tyrannie
De ses honteux forfaits cache l'ignominie ;

Sous les formes, on change en divertissemens
Les cris du désespoir et les longs hurlemens :
Témoin ce Phalaris, d'exécrable mémoire,
Qui, dans l'atrocité voulant mettre sa gloire,
Fit brûler, acharné contre le genre humain,
Des mortels renfermés dans un taureau d'airain,
Monstre de qui les flancs étaient la double image
Et de l'ame du tigre abhorré d'âge en âge,
Et du cœur de Pérille inventeur des ressorts
Qui prêtaient aux martyrs d'agréables accords.

Cependant, éblouis par l'éclat des statues,
Nous croyons relever les têtes abattues.
Quoi ! l'orgueil, successeur de notre cruauté,
Deviendrait le garant de la postérité !
Je pleure, et vous m'offrez des monumens superbes !
Apparaissez, parlez, mânes de Malesherbes :
« Non, le marbre et le bronze, élevés à grands frais,
« Ne peuvent de vos lois réparer les forfaits.
« Rappelez-vous le sort de ma triste famille :
« J'ai vu, j'ai vu périr et mon fils et ma fille.
« Pour avoir fait le bien, sans pitié condamnés,
« Sur le même échafaud nous fûmes moissonnés....

« Mais ce malheur n'est rien ! je pleure un prince auguste....

« Je voulus prévenir l'arrêt le plus injuste ;

« Je fis de vains efforts ; le roi fut égorgé.

« Que n'a-t-il sur moi seul, hélas ! été vengé !

« Du règne des bourreaux sa mort fut le présage :

« Craignez-vous de fermer les siècles du carnage,

« Qu'ont ouverts de la mort les noirs législateurs ?

« Des crimes de la loi soyez les destructeurs.

« Tant que des lois de sang régneront sur la terre,

« Les lois à la vertu déclareront la guerre,

« Les lois enfanteront des crimes éternels :

» Ne peut-on sans la mort punir les criminels ?

« Les dangers renaissans suivent l'excès des peines :

« De l'innocent captif vous briserez les chaînes ;

« Mais rendrez-vous la vie aux victimes des lois ?

« Répondez, magistrats, législateurs et rois. »

Si vous fermez l'oreille à ces mots pathétiques,

Vous dont les volontés sont les seules répliques,

Ouvrez du moins les yeux sur les grands potentats

Qui furent mis à mort dans leurs propres états ;

Et tarissant l'erreur dans sa source effrayante,

Brisez les échafauds, brûlez la loi sanglante.

Princes infortunés, ô CHARLE! et toi, LOUIS!
Vous n'auriez pas connu vos destins inouis,
Si, dans votre puissance, enchaînant les sicaires,
Vous aviez aboli les arrêts sanguinaires.
Cromwell eût respecté l'autorité des rois;
Cromwell dans Albion n'eût pas dicté des lois;
Et plus d'un cannibale, escorté de séides,
N'eût pas livré la France au fer des parricides.

Dois-je exhumer ici Robespierre et Couthon,
Marat, Hébert, Dumas, Cofinhal et Danton?
Délateurs et témoins et juges et complices,
Ces faux amis du peuple ordonnaient les supplices,
Vantaient la liberté, remplissaient les prisons,
Et, de la zizanie allumant les tisons,
Promettaient le bonheur en agitant la terre,
Fomentaient des partis les fureurs et la guerre,
Commandaient le pillage au peuple malheureux,
Et, de sang altérés, se dévoraient entre eux.
Tels que des loups hurlans, animés au carnage,
Dans une bergerie assouvissant leur rage,
Tels ces hommes enflés et noircis de forfaits,
Au nom de la patrie égorgeaient les Français,

Proscrivaient de nos rois la monarchie antique,

Et voulaient que la mort fondât la république.

La vengeance régnait et couvrait d'attentats

Tous les peuples armés et tous les potentats.

Les Français dans les camps enchaînaient la victoire,

Et sur les échafauds allaient perdre leur gloire.

Un tribunal sanglant fatiguait les bourreaux,

Et le salut du peuple était dans les tombeaux.

Là sont jetés ensemble et le fils et le père,

Et le fruit renfermé dans le sein de la mère ;

Là, tout est englouti, peuple et législateurs.

Mais la France, couverte et de sang et de pleurs,

Doit comprimer la plainte et cacher les alarmes:

La terreur lui défend de répandre des larmes.

Il faut bénir ce fer dont la rapidité

Trompe de tous les cœurs la sensibilité,

Ce fer qui d'un seul coup ne tranche qu'une tête.

De la mort cependant on accroît la conquête;

On veut faire tomber cent têtes à la fois,

Et vaincre sans soldats les peuples et les rois ;

On commande le feu dans le sein de nos villes,

Et le crime obéi trouve des bras dociles,

Où mettre tant de corps, l'un sur l'autre expirans;

Apaisez votre faim, nourrissez-vous, tyrans....

Mais le fer et le feu, destructeurs de la France,

Pourront-ils assouvir la soif de la vengeance?

Non : un nouveau Tibère, accourant aux forfaits,

A Nante, au bord du fleuve, appelle les Français.

Que vois-je? des vivans sont plongés dans les ondes;

La Loire ouvre en courroux ses cavernes profondes,

Et recule en portant les perfides bateaux

Où l'hymen et la mort épouvantent les flots.

Face à face attachés, les amans, les amantes

Confondent vainement leurs larmes abondantes;

Carrier sourit : soudain les gouffres sont ouverts,

Et les flots indignés s'élancent dans les airs.

La nature frémit. C'est peu ; dans leur furie,

Des Français apportaient la guerre en leur patrie,

Enflammaient la Vendée et prônaient leurs exploits,

Sans avoir défendu le plus faible des rois,

Et juraient d'écraser, rivaux de Robespierre,

Jusqu'au dernier enfant sur la dernière pierre,

Tels qu'un Collot-d'Herbois, l'Attila de Lyon,

Qui marchait dans le sang à la destruction,

Ou tels que ces bourreaux dont la massue errante
Portait dans les prisons la mort et l'épouvante;
Et dont les bras levés par la férocité
Du ministre Danton servaient l'atrocité.

O cruels souvenirs!.... Je passe sous silence
Les causes des malheurs que déplore la France;
Des Tacites futurs, éclairant nos neveux,
Dissiperont la nuit des âges ténébreux.
Les sultans pâliront. Vainement leur mémoire
Sur un marbre imposteur vient mendier la gloire:
Des peuples massacrés les tristes ossemens
Ne peuvent anoblir d'orgueilleux monumens.
Où mon œil révolté ne voit que des victimes,
Les prodiges de l'art n'effacent point les crimes.
Sur son beau piédestal un tyran criminel
Ne porte sur le front qu'un opprobre éternel.
Toujours la cruauté règne avec l'anarchie;
Mais doit-elle régner durant la monarchie?
Public ou clandestin, le meurtre est odieux :
Un scélérat le cache, et vous l'offrez aux yeux!
Barbares! devez-vous dégrader la justice,
Et de ce nom auguste appeler le supplice?

Renoncez à des lois, instrumens du courroux,
Qui peuvent tôt ou tard se tourner contre vous.
Si vous aviez fondé vos droits sur la morale,
Pourriez-vous savourer la vengeance fatale?
Seriez-vous maîtrisés par le ressentiment?
Verriez-vous dans le meurtre un digne châtiment,
Et dans un assassin l'interprète fidèle
Qui doit servir aux lois d'oracle et de modèle?

    Jadis de la torture on aima les forfaits;
On la crut nécessaire au Code des Français.
Par des aveux forcés, arrachés aux souffrances,
Le juge préparait ses cruelles sentences.
Il se tenait assis, à son aise étendu,
Tandis qu'un malheureux, par les bras suspendu,
Criait jusqu'à l'instant où, trop faible victime,
Il avait dit: « J'avoue et j'abhorre mon crime. »
C'était au nom des lois qu'avant les jugemens,
Le soupçon commandait la peine et les tourmens.
Enfin l'humanité, la raison, la nature,
Délivrant les Français de l'horrible torture,
Elle ne régna plus dans ses antres honteux.
Mais le meurtre public est en vain scandaleux.

On veut rend: le peuple aussi dur que les juges

Qui grossissaient des lois les sanglans subterfuges,

Et qui, foulant aux pieds l'innocence et ses droits,

Condamnaient des mortels, brisés sur une croix,

A la roue exécrable, aux tenailles ardentes,

Au plomb fondu, versé dans les chairs palpitantes....

Qui pourrait sans frémir rappeler tant d'horreurs,

Et voir des criminels en des législateurs?

Ces hommes, ou plutôt ces monstres effroyables

Ne sont plus, et demain leurs héritiers coupables,

Engloutis dans la tombe, y subiront leur sort,

Et ne dicteront plus des sentences de mort.

   Ne jugez point la terre, ou daignez vous instruire,

O vous qui, ne sachant qu'opprimer et détruire,

Osez vous arroger le pouvoir absolu!

Quoi donc! jusqu'à nos jours, tout vous est dévolu!

Vos lois, de l'Éternel usurpant la puissance,

Ne sont-elles jamais instrument de vengeance?

Ces mortels, par le fer détruits si promptement,

Furent-ils élevés aussi rapidement?

Vous avez oublié les services d'un père,

Les veilles et les soins de la plus tendre mère,

Dont les pleurs abondans, hélas! et superflus,

Coulèrent à vos pieds pour un fils qui n'est plus.

Vous l'avez immolé; sa famille est flétrie;

Pour cacher son opprobre elle fuit la patrie,

C'est ainsi que des lois le système odieux

Fomente par la mort l'exil pernicieux,

Qui dérobe aux états et talents et richesses,

Souvent sacrifiés à d'indignes faiblesses.

Invoquant toutefois les plus grands intérêts,

Et dictant du pouvoir les injustes arrêts,

La politique aveugle, empruntée à nos pères,

A rempli de proscrits les rives étrangères.

Les nombreux exilés menaçaient-ils l'état?

Dans un édit fameux cherchez leur attentat,

Et de l'intolérance épargnez-vous les crimes,

Si des cultes divers vous plaignez les victimes.

    A la douceur des lois le peuple accoutumé,

Révère d'un état le prince bien-aimé.

Dans l'heureuse Florence où les crimes sont rares,

On rejette les lois des potentats barbares;

Mais à Londres, le Code anime aux attentats,

Et des simples larcins pousse aux assassinats.

Vous donc qui prétendez que les peines atroces
Arrêtent les complots des assassins féroces,
Étudiez de l'homme et l'esprit et le cœur,
Sans le pousser au crime à force de rigueur.
Jadis d'un écolier le monstrueux supplice
Excita Ravaillac à braver la justice.
L'atrocité révolte et ne corrige pas;
Les mortels irrités méprisent le trépas;
Mais vous le préférez dans vos lâches victoires,
Sans combat, sans trophée, aux lois expiatoires.
　Quand la coupable mort frappait les déserteurs,
La France tous les jours perdait ses défenseurs.
On voulait par la mort gouverner des esclaves;
Ils y couraient en foule et se croyaient des braves.
Dans la honte plongés, sous les nobles drapeaux,
Soldats, ils se voyaient transformés en bourreaux;
Le courage avili servait la barbarie;
Malheureux, ils fuyaient une ingrate patrie.
Pouvaient-ils la défendre alors qu'entre deux rangs,
Leurs frères déchirés succombaient expirans?
Pouvaient-ils la défendre, ou bourreaux ou victimes?
La seule discipline enfantait tous les crimes.

Tels que les déserteurs, les assassins affreux,
Sans les arrêts de mort deviendront moins nombreux ;
Et, renonçant au droit d'être dénaturées,
Les mœurs se régleront sur des lois modérées.

Le pouvoir de tuer ne fut jamais un droit.
Vous parlez de raison en tuant de sang-froid !
Mais votre cœur d'airain n'est-il pas plus barbare
Que la main du brigand qu'un faux calcul égare ?
Vous, auteurs de nos lois, vous, pères des humains,
Vous frappez l'innocent de vos sanglantes mains !
Vous lui percez le cœur pour prendre sa défense !
Faut-il dans votre loi ne voir que la démence !
Pouvez-vous oublier que mille tribunaux,
Abusant d'un pouvoir transmis à des bourreaux,
Condamnèrent souvent, sous prétexte de crimes,
Des mortels vertueux, des héros magnanimes ?
Leur sort n'est-il pour vous qu'un objet de mépris ?
La leçon du passé n'est-elle d'aucun prix ?
Voulez-vous, gouvernant à force de supplices,
Renouveler toujours d'horribles sacrifices,
Et dire sans raison, ainsi que vos aïeux,
Que le sang des mortels doit apaiser les dieux ?

N'a-t-il pas trop coulé? vous en faut-il encore?

Répondez à ma voix, vous que la terre implore,

Vous de qui le pouvoir craint peu les factions,

Quand il a pour garant l'amour des nations.

Mais si vous conservez des Codes sanguinaires,

Croyez-vous dans les cœurs avoir des tributaires?

Prétendez-vous cacher, sous de nombreux bienfaits,

Une honte éternelle, attachée aux forfaits!

Couvert de sang, Auguste a beau vanter sa gloire:

Son premier nom lui reste et ternit sa mémoire.

   O contradiction d'un Code ensanglanté!

Par le meurtre on prétend servir l'humanité;

On prend pour éclairer la torche d'Érostrate;

On nous vante une loi qui fit périr Socrate,

Et qui nous fait pleurer tant d'illustres mortels;

Une loi qui de sang arrosa les autels,

Qui dévasta l'Europe et l'Asie et l'Afrique,

Étendit son empire, et frappa l'Amérique.

Législateurs, vos yeux ne s'ouvriront-ils pas?

Jusques à quand enfin, ministres du trépas,

Serez-vous acharnés, dans vos erreurs profondes,

A dépeupler la terre, à détruire les mondes?

               I I,

Une loi nécessaire aux époux malheureux
Vous a fait redouter des abus dangereux ;
Et vous ne craignez pas la loi de la vengeance,
La loi qui trop souvent a frappé l'innocence !
Les abus du divorce étaient les moins cruels,
Et vous les avez pris pour les plus criminels !
Vous respectez l'hymen de l'adultère impie,
Et de mille innocens vous méprisez la vie !
De l'hymen cependant honorez-vous les lois,
Vous qui le profanez dans vos secrets exploits,
Vous qui couvrez de honte et la mère et la fille,
Et que Rome condamne à vivre sans famille ?
Où sont-ils vos enfans, victimes de l'amour ?
On les a massacrés en leur donnant le jour.
Dites, législateurs, empêchez-vous les crimes,
Par la loi qui s'oppose à des nœuds légitimes ?
Vous citez vainement les oracles romains ;
Consultez la raison et servez les humains.
La première des lois est la loi naturelle ;
Détruisez les erreurs qui s'élèvent contre elle ;
Sauvez du désespoir un trop sensible cœur,
Dont l'amour sans l'hymen égara la pudeur ;

Et vous ne craindrez pas qu'horrible en sa furie,
Une mère à son fils donne et prenne la vie,

    Vous n'osez plus ravir les biens des condamnés ;

Mais il faut que leurs jours vous soient abandonnés ;
Et vous ne souscrivez au mépris des richesses
Qu'en prêtant à vos lois les fureurs des tigresses.

    C'est peu : vous invoquez les intérêts du ciel,

Pour répandre à la fois et le sang et le fiel.
Êtes-vous donc chargés des vengeances célestes?
Le ciel a-t-il besoin de vos décrets funestes ?
Pourquoi défigurer un Dieu plein de bonté ?
Il aime la clémence et non la cruauté.
Si vous le révérez, si la raison vous guide,
Comprenez et rayez le nom de DÉICIDE :
Les hommes sont mortels, mais Dieu ne peut mourir ;
Tout-puissant par lui-même, et trop grand pour souffrir,
Il ne demande pas qu'une loi le protége,
Et jamais il n'a dit : *Frappez le sacrilège.*

    Vous avez méconnu jusqu'au droit de penser ;

Mais si la vérité ne peut vous offenser ;
Si par votre vertu vous soutenez l'empire,
Pouvez-vous redouter la liberté d'écrire,

Et contre la raison demander une loi ?

Que craindre quand on sert la patrie et le roi ?

Quels sont vos grands desseins ? exhumer un Tibère

Et les inquisiteurs qui gouvernaient l'Ibère ;

Étouffer le génie, interprète des cieux,

Et brûler des mortels pour honorer les dieux,

Frédéric, dont l'Europe admira la sagesse,

Refusa de punir les délits de la presse ,

Et craignit les pamphlets beaucoup moins que l'encens:

Il craindrait aujourd'hui les juges trop puissans :

Le jury quelquefois leur épargna des crimes ;

Faudrait-il l'abolir pour créer des victimes ?

   Abolissez plutôt, au nom du genre humain,

La loi d'un général devenu souverain.

Cruel, il rétablit la marque ineffaçable

Qui flétrit l'innocent ainsi que le coupable,

Devait-il ignorer qu'un coupable flétri

Jamais du repentir n'écoutera le cri ?

Pour changer les penchans de son ame inhumaine,

Fallait-il allumer les brandons de la haine,

Et sur un faible corps graver en traits affreux :

« Sois toujours dégradé, reste à jamais hideux ! »

Ainsi, par son effet, la loi contradictoire
Excède en punissant la peine expiatoire.
Délivré de sa chaîne, après vingt ans de fers,
Paul n'est plus dans un bagne, et quitte des pervers.
Accablé cependant, il gémit, il soupire ;
Il s'aperçoit partout de l'horreur qu'il inspire ;
Il voit que son malheur ne peut se réparer :
C'est en vain que la loi vient de le délivrer.
Jusqu'à la liberté pour lui tout est funeste,
Il en respire l'air, mais la marque lui reste.
Son sort nous fait frémir ; délaissé, sans appui,
De tous les malheureux en est-il comme lui ?
On le jugea coupable, on le rendit infame ;
Mais il ne se plaint pas d'avoir tiré la rame ;
Il se plaint des tyrans dont la stupidité,
De l'homme, roi du monde, abaissant la fierté,
Invoque l'Éternel, reconnaît son image,
Et par des cruautés la dégrade et l'outrage.

De l'innocent flétri vous peindrai-je le sort ?
Par la faim dévorante il fait venir la mort.
En un jour on a vu blanchir sa chevelure.....
Peuple civilisé ! va voir la flétrissure :

Quel spectacle !.... Pour vous, éloquens écrivains,
Tonnez, et préparez, en l'honneur des humains,
Les décrets immortels qu'inspirent les lumières
Contre la flétrissure et les lois meurtrières.
Égorgés ou flétris, mille et mille innocens
Au fond de leurs tombeaux sont encor gémissants :
Entendez leurs soupirs et faites-les entendre ;
Il sied à la vertu de ranimer leur cendre.

On trahit la justice, on en fait la terreur.
Vainement l'opprimé crie ou frémit d'horreur ;
En lui tout est suspect aussitôt qu'on l'accuse ;
On veut qu'il soit coupable, et que rien ne l'excuse ;
Dans sa bouche, le vrai perd sa force et son prix ;
On lui verse au barreau l'outrage et le mépris.
Fort de son innocence, il a beau se défendre :
On l'avait condamné même avant de l'entendre.
Mais la cour se partage et craint d'injustes coups....
Frappez, dit le tyran, aveugle en son courroux.
Déjà cinq magistrats, cédant à sa puissance,
Couvrent Thémis d'un crêpe, et prennent la balance..
C'en est fait, elle tombe, ô déplorable sort !
Et la cour criminelle a prononcé la mort

Par ordre d'un consul affamé de carnage.

On nous dit que la loi se fonde sur l'usage :
Doit-il être toujours la raison des états,
L'usage, dès long-tems père des attentats,
Et qui, pour plaire aux dieux, fit immoler des hommes ?
On en immole encor dans le siècle où nous sommes ;
On ose parmi nous dresser des échafauds....
L'usage cependant a flétri les bourreaux :
Les anoblirez-vous, au nom de la justice,
Avant qu'à votre tour vous marchiez au supplice ?
Faites-les révérer, en invoquant la loi,
Ou des bourreaux sanglans abolissez l'emploi.
Comment ne pas flétrir des meurtriers avares,
Toujours prêts à frapper, et froidement barbares ?
Comment forcer le peuple à respecter leur rang,
Aussi vil qu'une loi qui s'abreuve de sang ?
Mais ne seraient-ils pas des pontifes augustes,
Ces ministres des lois, si les lois étaient justes ?
Grands sacrificateurs, vivraient-ils odieux,
Si l'homicide était la vengeance des dieux ?
On a vu cependant des juges homicides,
Joyeux d'exécuter leurs arrêts parricides.

Une hache à la main, ces bourreaux-magistrats
Savouraient le plaisir des plus grands scélérats,
Mutilaient sans pitié les victimes humaines
Qu'ils avaient longuement fait gémir sous les chaînes,
Et, de sang altérés, prouvaient à l'univers
Que tous les criminels ne sont pas dans les fers.

    Nouveau Tibère, ô toi qui régis un empire,
Des bourreaux-magistrats garde-toi de médire !
Exécuter un meurtre est un moindre attentat
Que de le commander par la loi de l'état.
Jusqu'à nous égorger poussant l'obéissance,
Tu trouves des agens soumis à ta puissance !
Crois-tu la conserver en dictant des arrêts
Que n'effaceront pas d'inutiles regrets ?
Tremble : à t'exterminer la mort est toute prête ;
Suspendu par un crin, le glaive est sur ta tête.
Damoclès, effrayé redoute le destin,
Et quitte brusquement un dangereux festin.
Imite son exemple, et, brisant ta couronne,
Renonce noblement au pouvoir qu'elle donne.
Quel pouvoir ! j'en frémis : et la guerre et la paix,
Au nom de la justice, enfantent des forfaits.

Les droits de la raison ne sont que des chimères ;
Et la gloire consiste à massacrer des frères.
Sauvages ! apprenez ce que vous ignorez ;
Admirez le savoir des peuples éclairés :
La soif qui les dévore est chez eux étanchée
Par le sang qui jaillit d'une tête tranchée.
A sa chute, Thémis, affrontant les regards,
Boit ce sang, à l'aspect des favoris de Mars.
Leurs coursiers sont surpris de s'attrister ensemble ;
Le bourreau seul est fier des forces qu'il rassemble ;
Il est fier d'attirer l'œil de la cruauté,
Par un meurtre public, avec pompe apprêté.
On l'a vu, d'un fer rouge étendant les ravages,
Lui-même se venger de vrais ou faux outrages.
D'une main arbitraire, il promenait ce fer,
Dont les traits en sillons s'imprimaient dans la chair.
Hélas ! les condamnés ne sont-ils plus des hommes ?
Ouvrons enfin les yeux, insensés que nous sommes :
Si la force des lois exige le trépas,
Le bourreau peut régner sur tous les potentats.
Il osa (tout mon sang bouillonne dans mes veines)
Flétrir par des soufflets et des rois et des reines,

En offrant abattus au peuple curieux
Leurs fronts humiliés, autrefois glorieux.

   Ainsi, de la pudeur tu n'es plus idolâtre,
O toi qui vas orner un triste amphithéâtre !
Lorsque d'un mal léger ton épagneul se plaint,
La douleur te saisit, ta voix, ton œil s'éteint ;
Et tu peux figurer dans les horribles scènes
Où les coups sont portés sur des têtes humaines !
Le sophiste insensé qui ne veut que bourreaux,
T'a donc formé le cœur au pied des échafauds.
Abjure les erreurs de sa doctrine infâme ;
Que la voix d'Imilcé régénère ton ame !
On allait immoler Aspar, son jeune fils,
Quand l'amour maternel fit entendre ces cris :

   « Barbares ! arrêtez, et respectez sa vie !

« Un jour le bras d'Aspar peut sauver la Libye.

« Quelle religion et quelle cruauté !

« Quoi ! vous offrez du sang à la divinité !

« Par des assassinats vous prétendez lui plaire !

« Non, aucun de nos dieux n'est un dieu sanguinaire :

« Les pères des humains ne sont point des bourreaux.

« S'il ne vous suffit pas d'immoler des taureaux,

« Ou si vous imputez aux dieux vos propres crimes,

« Moi-même je veux être une de vos victimes.

« Je suis mère d'Aspar, frappez, voilà mon sein ;

« Je meurs pour le sauver, je bénis mon destin. »

 Modernes Imilcés, j'entens encor vos plaintes !

Que dis-je ? par le fer cruellement atteintes,

Vous n'êtes plus.... O triste et déplorable sort !

La loi pour un seul cri vous fit donner la mort.

Quoi ! nos contemporains ont vu tant de victimes,

Et le Code sanglant conserve ses maximes !

Et jamais le pouvoir n'aura que des visirs,

Pour répondre à la voix d'un peuple de martyrs !

 De Mably, de Rousseau, de Montesquieu lui-même,

Sur les sanglantes lois discutons le système.

L'auraient-ils soutenu sans avoir oublié

Tant d'iniques arrêts dont je suis effrayé ?

Publicistes savans, relisez leurs ouvrages ;

Aux prestiges d'un songe opposez vingt passages,

Où d'illustres auteurs, trompés dans leur sommeil,

Se sont désabusés à l'instant du réveil ;

Consultez l'écrivain de la docte Ausonie :

L'Helvétie autrefois couronnant son génie,

Fit connaître un grand homme aux plus rares esprits,
Justes admirateurs de ses nobles écrits.
Là, vous découvrirez les vérités utiles,
Qui dans tous les climats ne furent point stériles ;
Et de l'humanité généreux défenseurs,
Vous combattrez pour elle et vous serez vainqueurs.

    Et vous de qui les noms restent dans les ténèbres,
Ou de qui les vertus en vain furent célèbres,
Vous tous dont l'innocence eut le sort des forfaits,
Venez, mânes plaintifs, montrez-vous aux Français ;
Dites-leur mille fois : « Innocens ou coupables,
« Peuples et rois, craignez des arrêts exécrables ! »
Mais, sans être alarmés au bruit de vos revers,
Les tyrans répondront : « Guerre à mort aux pervers !
« Il est moins dangereux de frapper l'innocence,
« Que de trahir les lois d'une juste vengeance.
« Faudrait-il conserver les jours d'un assassin ? »
Vous pouvez l'empêcher de me percer le sein,
Sans que la loi répare un crime par un crime.

    Voyez, législateurs, ce guerrier magnanime ;
Il a fait prisonniers ses plus fiers ennemis :
Donne-t-il le trépas à ceux qu'il a soumis !

Son bras victorieux, maître de la vengeance,
Refuse d'immoler des hommes sans défense.
De ce noble guerrier entendez-vous la voix ?
« Les ennemis vaincus sont frappés par vos lois ;
« Je leur laisse la vie, et j'aspire à la gloire ;
« C'est à vous de les suivre en vos chars de victoire.
« Pourquoi nous faites-vous escorter les bourreaux ?
« Le laurier ne croît pas au pied des échafauds ;
« Sur un indigne camp la bravoure est flétrie. »
Ainsi parle un soldat, l'honneur de sa patrie.
Pourrait-il à Thémis prêter la cruauté,
Quand Bellone ennoblit la générosité ?
Quoi ! Thémis s'armerait d'une loi sanguinaire !
Vous lui donnez le droit que s'arroge un sicaire :
Les justes ne l'ont pas, la loi ne peut l'avoir ;
Vous confondez toujours le droit et le pouvoir.
Sans doute, la défense à l'homme est naturelle,
Et sa main peut frapper sans être criminelle ;
Il cède, corps à corps, à la nécessité ;
Il n'a pas le pouvoir de la société ;
Mais sans verser le sang vous pouvez la défendre ;
Vous devez l'épargner ; craignez de le répandre.

12.

Le vainqueur le plus grand, le vainqueur le plus fort
A l'ennemi dompté ne donne point la mort.
Cependant la justice, avec cérémonie,
A l'homme sans défense ose arracher la vie.
Les tigres et les ours sont moins cruels que nous :
Les voit-on, rassemblés et libres de courroux,
Traîtres à la nature autant qu'à la justice,
Conduire fièrement leurs pareils au supplice ?

La vertu ne court pas aux exploits des bourreaux ;
On y voit accourir les vices en troupeaux.
Frémissez, entendez les grands cris d'allégresse,
A l'instant où le fer s'échappe avec vitesse,
Tombe, frappe, sépare et la tête et le corps....
O cruelle allégresse ! ô barbares transports !
Mortels, le croirez-vous ? on a vu des sauvages
Qui, venant de pousser des cris d'antropophages,
Dansaient, ivres de joie, autour des échafauds,
Le front couvert du sang versé par les bourreaux !....
Voilà donc la frayeur utile et salutaire
Qu'inspire des tyrans le Code sanguinaire !

Craignons de rencontrer, la nuit ou dans un bois,
Les spectateurs du meurtre ordonné par les lois,
Formés par des bourreaux, et comme eux insensibles,
Mais passant du sang-froid à des transports horribles.
Les accès de leur joie, insultant au martyr,
Annoncent les forfaits qui vont les investir.
Cependant, à l'aspect d'une tête sanglante,
On croit faire régner la crainte et l'épouvante ;
Mais qui peut ignorer que les cœurs criminels
Sont fermés à l'effroi des spectacles cruels ?
L'effroi saisit les cœurs où la bonté réside,
Et frappe de ses coups l'innocence timide,
Sans troubler le méchant, de qui le front d'airain
Se montre à découvert, trempé de sang humain.
Au pied de l'échafaud, malgré l'éclat des armes,
Règne le brigandage, étranger aux alarmes,
Et, libre dans la foule où l'amènent les lois,
Exerçant à son gré ses ministres adroits.
　　De l'effroi trop vanté l'empire fantastique
Est la honte du Code et de la politique :
Partout où la terreur fait siffler ses serpens,
Le crime parle en maître à des juges rampans ;

Et Thémis, tout en pleurs, trop souvent impuissante,
Voit traîner à la mort la vertu gémissante.

Supposons toutefois qu'enfin les tribunaux
Livrent le seul coupable au glaive des bourreaux.
La morale, d'accord avec l'expérience,
Nous dit : Abandonnez la funeste vengeance ;
Pourquoi punissez-vous sans vouloir corriger ?
Impassible, la loi peut-elle se venger ?
Selon vous, les pervers ne sont pas corrigibles :
Vous qui le décidez, êtes-vous infaillibles ?
En voyant les mortels passer du mal au bien,
Pour vous l'humanité ne sera-t-elle rien ?
Des condamnés à mort, sauvés par leur adresse,
Pratiquèrent les lois d'une austère sagesse.
Mais si des criminels peuvent se convertir,
Barbares, craignez-vous jusqu'à leur repentir ?

Est-ce pour honorer le culte de vos pères
Que vous êtes comme eux cruels et sanguinaires ?
Quoi ! les cultes divers ont le sang en horreur ;
Le fanatisme seul, exaltant la terreur,
A commandé jadis le feu des dragonnades,
La Saint-Barthélemi, les Vêpres, les Croisades ;

Et vous régnez encor par le fer des bourreaux !

Un dieu vous a-t-il dit : «Dressez des échafauds;

« Décorez mes autels de brillantes épées ;

« Sachez que dans le sang j'aime à les voir trempées;

« Inspirez la terreur, frappez vos ennemis;

« Massacrez les vaincus, rebelles ou soumis ;

» Le sang de l'innocence apaise ma colère,

« Et je le fais répandre, en qualité de père.

« Incrédules, tremblez ! silence à la raison !

» Et croyez que je suis souverainement bon,

« Alors qu'à des tyrans dont j'allume la rage,

« Ma sainte volonté commande le carnage,

« Et que, dans ma justice, étonnant l'univers,

« J'égorge l'innocent pour sauver des pervers,

« Ou que les sombres bords, séjour de mes vengeances,

« Éternissent les pleurs, les sanglots, les souffrances. »

Comment te reconnaître, ô monarque des cieux !

A ces mots insensés et dignes des faux dieux,

Que prête cependant à ta bonté suprême

Le hideux fanatisme, en sa fureur extrême ?

C'est lui qui, parcourant et la terre et les mers,

Une croix à la main agite l'univers.

Les forfaits attroupés lui servent de cortége;

Il alluma des feux contre le sortilège :

C'est lui qui, redoutant les plus rares esprits,

Fit brûler des mortels et leurs savans écrits.

Armé de cent poignards, ce monstre les aiguise,

Et veut que la raison meure ou lui soit soumise.

Il asservit le peuple aux antiques erreurs,

Des juges ignorans fait des persécuteurs,

Et force à se courber l'illustre Galilée;

Mais le monde s'éclaire; et Rome dévoilée

Redoute la raison et le trident des mers,

Qui d'un indigne joug sauveront l'univers.

Rome, admirant Judith, enfante l'homicide,

Et forge des Clémens le poignard régicide.

De Rome et des bourreaux repoussons le pouvoir....:

Des états éclairés l'esprit et le savoir

Ne peuvent-ils dompter les artisans des crimes,

Sans attendre une bulle inutile aux victimes?

Du génie épuisé le merveilleux effort

Serait-il d'ordonner l'appareil de la mort,

Ou de la proclamer par la loi martiale,

A ses faibles agens presque toujours fatale?

Servile magistrat, osant la respecter,
Un maire de Paris la fit exécuter.
Son supplice est connu, mais sa mort déplorable
N'a point ouvert les yeux à plus d'un grand coupable.
En massacrant le peuple on se croit souverain,
On veut l'être; il est beau d'avoir un cœur d'airain,
D'étendre son pouvoir en se couvrant de crimes,
De régner par la mort, d'immoler des victimes;
Et, pour mieux affermir les trônes des sultans,
D'amonceler partout des membres palpitans.
On ne sait que tuer, tantôt par des sentences,
Tantôt par le poison ou par des violences;
Et tantôt, pour trahir la patrie ou le roi,
Par le feu commandé sans jugement ni loi.

    Ces ports et ces canaux, ces plaines, ces montagnes,
Tout demande des bras aux cités, aux campagnes.
Ici, les grands chemins, escarpés et glissans,
N'offrent au voyageur que gouffres menaçans;
Là, des troupeaux nombreux languissent sans pâture;
Plus loin, les champs déserts sont privés de culture.
Toutefois, sur l'abîme où dorment les états,
Les bras sont employés à couper d'autres bras;

Sous le manteau des lois le meurtre s'enveloppe,

Prend le nom de justice, ensanglante l'Europe,

Et pousse les mortels à la férocité.

Mais comment le pouvoir sera-t-il respecté,

S'il perd le souvenir des fameuses tempêtes,

Où tombaient sous le fer les plus illustres têtes,

Et si les magistrats, maîtres de nos destins,

Osent, au nom des lois, devenir assassins ?

Le pouvoir absolu les rend-il infaillibles ?

On veut les rendre forts, tout-puissans et terribles ;

Mais exterminer l'homme, est-ce le corriger ?

Et, pour son intérêt, faut-il donc l'égorger ?

Trop long-tems des Césars, souverains de la terre,

Fondèrent leur pouvoir sur le droit de la guerre,

On sait quel est ce droit : le règne des forfaits.

De ce droit cependant on infeste la paix ;

La cruauté triomphe, et règle d'âge en âge

La gloire de nos mœurs sur le droit du carnage.

Oh ! de l'esprit humain funeste égarement !

Le droit de l'incendie et de l'embrasement,

Le meurtre et le massacre, issus de la vengeance,

Doivent régler des lois la suprême puissance,

Inspirer par l'excès, la modération,
Et des grandes vertus la noble passion!

 On dit que les méchans sont indignes de vivre.
Est-il meilleur Sylla, qui de leur sang s'enivre ;
Qui, de la surveillance écartant le fardeau,
Lui préfère toujours les exploits du bourreau,
Et de l'utilité compose la justice?
Mais, en renouvelant mille fois le supplice,
Il attire le peuple aux spectacles vengeurs,
Dont le succès funeste est d'endurcir les cœurs.
Oui, la mort, dites-vous, doit frapper les coupables ;
La mort doit arrêter leurs crimes effroyables.
Vous qui parlez ainsi, craignez d'être frappés :
Souvent sur le passé les juges sont trompés.
Sur l'avenir douteux seront-ils infaillibles,
Le jour où votre sort les rendant inflexibles,
Vous direz en pleurant : « Qui l'aurait cru jamais ?
« Des forfaits supposés sont pris pour des forfaits !
« Nous mourons innocens.... O coupable justice !
« Sans l'avoir mérité nous marchons au supplice. »
Tels sont les cris plaintifs que je veux prévenir ;
Instruit par le passé, je crains pour l'avenir.

Pour la seule innocence un arrêt formidable
Révolte la raison que n'a point le coupable,
La raison qui vous crie: Arbitres du trépas!
Pouvez-vous ranimer les cendres de Calas?
Voulez-vous que les lois soient toujours parricides?
Du bras de l'assassin vos codes sont les guides,
Un meurtre par un meurtre est-il donc effacé?
Du sang vous rendra-t-il le sang qui fut versé?
L'effusion du sang, loin d'empêcher les crimes,
A toujours augmenté le nombre des victimes.
Des spectacles sanglans connaissons le danger:
Partout où la justice est le droit d'égorger,
Les mœurs comme les lois commandent la vengeance;
Et, rivales du crime, en ont la violence.
Corrigeons les pervers sans le bras des licteurs;
Ennoblissons enfin et les lois et les mœurs.
Titus et Léopold sont rayonnans de gloire;
Marius et Sylla sont flétris par l'histoire,
Que de meurtres publics dans les siècles passés!
Que de meurtres encor!.... Comptez et frémissez.....
Plus forts que le méchant, vous ne pouvez le craindre;
A d'utiles travaux vous devez le contraindre.

Sa résistance est faible, et vous êtes puissans;

Sachez donc gouverner ses bras obéissans.

Quel besoin avez-vous d'une loi parricide?

Punissez l'assassin sans le prendre pour guide.

Contraint à des travaux, qu'il ait des spectateurs!

« Quel sort cruel, diront mille déprédateurs!

« Une mort trop tardive aggraverait nos peines,

« S'il nous fallait ainsi traîner de longues chaînes,

« Vivre dans les tourmens et mille fois mourir;

« Renonçons aux forfaits, craignons de trop souffrir.»

Tels seront les discours, à l'aspect du coupable.

— La mort la plus terrible est une mort durable;

Pourquoi donc, direz-vous, les travaux et les fers?

— Pour réparer le crime et vaincre les pervers.

L'oubli suit le trépas, l'oubli le rend stérile;

Mais la glèbe pénible est un exemple utile;

Vous pouvez le donner sans vous rendre inhumains,

Sans que la mort toujours ensanglante vos mains.

Tuer n'est pas punir, l'homicide est un crime.

Aucune loi ne rend le meurtre légitime,

Ou le crime ou l'erreur ordonne le trépas.

Saisissez le coupable, et ne l'égorgez pas·

Les juges trop long-tems ont pris sa ressemblance;
Prévenez ses fureurs, calmez sa violence:
Libre, il porta des coups à la société;
Esclave, qu'il la serve en sa captivité.
Si même un ours féroce, enchaîné par adresse,
Suit les pas de son maître et seul fait sa richesse,
Pourquoi, dans un coupable, astreint à des travaux,
Les états éclairés, tirant les biens des maux,
Ne trouveraient-ils pas des remèdes utiles?
Laissons aux Attila des ossemens stériles.

L'aveugle mort confond les attentats divers;
On demande la mort, on redoute les fers.
On ne craint pas la mort, on la cherche, on l'appelle:
L'expérience parle et sa voix est fidèle.
Tantôt un faux Caton de sang froid se détruit:
Craint-il de se plonger dans l'éternelle nuit?
Il croit que se tuer est un droit véritable;
Rien n'arrête son bras courageux et coupable.
Tantôt, dans le transport de leur égarement,
Deux mortels, aveuglés par le ressentiment,
Et croyant que l'honneur dépend de la vengeance,
Vont laver dans leur sang une légère offense.

Quand pourrons-nous détruire un affreux préjugé
Qui commande le meurtre à l'honneur outragé?
Méconnaître la gloire, et ne voir qu'une injure;
Fouler aux pieds les lois que prescrit la nature;
Être partie et juge, assassin et bourreau;
Renoncer aux combats où flotte le drapeau;
Et trahir la patrie et se trahir soi-même;
Tel est du faux honneur l'admirable système.

    Mais, ce fameux brigand qui, sur un grand chemin,
Frappe les voyageurs d'une sanglante main,
Craint-il l'avide mort, dont la faux le menace?
Il la brave, et se livre à toute son audace.
Il ne braverait pas un labeur éternel;
L'espoir de vivre oisif l'a rendu criminel.
La mort n'est à ses yeux qu'un instant de souffrance;
Il craint des longs travaux la triste renaissance.
Vouez donc à la glèbe, et non aux sombres bords,
L'assassin dont la vie appartient aux remords.

    En vain vous alléguez qu'il va prendre la fuite.
Veillez, ou, s'il s'échappe, allez à sa poursuite.
Il est seul, il a peur, il craint d'être arrêté;
Il traîne sa prison avec la liberté.

                              13.

Le moindre bruit, un souffle excite ses alarmes ;
Il tremble, il voit tantôt des soldats sous les armes ;
Et tantôt des argus errant autour de lui.
Où peut-il se cacher ? C'est en vain qu'il a fui ;
Il n'échappera plus à des mains inhumaines :
Vivant, dans une tombe il est chargé de chaînes.
Là, des verroux bruyans apprennent aux pervers
Que l'audace punie en vain brisa les fers ;
Là, l'espoir du coupable a pour prix la souffrance,
Et ne peut fasciner l'œil de la vigilance ;
Mais de tout fugitif les regards effarés
Trahissent en tout lieu ses pas mal assurés.
Ainsi, vaine, illusoire, ou difficile et rare,
La fuite est un prétexte et grossier et barbare.
Toutefois ce prétexte ensanglanta les lois,
Et des meurtres publics furent changés en droits.
  Est-ce pour dépeupler vos prisons ténébreuses
Que vous exterminez des victimes nombreuses ?
Craignez de révolter les siècles à venir,
Par la loi qui retrace un affreux souvenir.
Prétendre par la mort faire régner la crainte,
Frapper hors des prisons, frapper dans leur enceinte,

C'est enseigner et dire aux aveugles mortels :

« Il faut à la vengeance élever des autels ;

« Vengez-vous, et suivez l'instinct de la nature ;

« Que la loi vous apprenne à venger une injure ;

« Il est toujours permis de marcher sur ses pas ;

« Elle égorge, égorgez, et ne pardonnez pas. »

 Tyrans, n'invoquez plus vos droits ni la justice,

Lorsque votre courroux veut qu'un mortel périsse :

Le droit de nous détruire est un droit mensonger ;

Cessez de l'invoquer et de vous l'arroger.

Ivres de sang humain, votre douce pâture,

Jamais vous n'entendez le cri de la nature.

Apprenez cependant que l'excès du pouvoir

Vous trompe sur le droit que vous croyez avoir.

Si vous aviez le droit de nous ôter la vie,

Vous pourriez nous la rendre après l'avoir ravie.

Contraire à toute loi qui nous fait massacrer,

Le droit prévient l'erreur qu'on ne peut réparer ;

Le droit nous rend humains ; vous n'êtes que barbares,

Vous qui jamais de sang ne vous montrez avares.

Quoi ! les meurtres publics, sources des plus grands maux

 Agitent le vulgaire, arrêtent les travaux,

Fomentent les larcins de la furtive adresse,
Excitent au massacre un peuple qui se presse,
Arrachent l'innocent à sa famille en pleurs,
Enlèvent le coupable à ses remords vengeurs;
Et toujours cependant l'œil de l'indifférence,
Méprisant des revers la triste expérience,
Veut que des échafauds remplacent les autels
Où les prêtres jadis égorgeaient des mortels!

Apôtres de la mort, sachez quels sont vos guides:
Ceux que vous flétrissez du nom de *régicides.*
Leur morale est la vôtre, et vous suivez leurs pas,
O rois qui dévouez les humains au trépas!
Vous pouvez conserver vos brillans diadèmes,
Sans réduire les lois à des rigueurs extrêmes.
Daignez approfondir les plus nobles discours
Qui d'un roi malheureux devaient sauver les jours:
De trois cents députés la sage politique
Aurait-elle trahi la liberté publique,
Si Louis et le peuple, arrachés aux bourreaux,
Avaient vu le pouvoir briser les échafauds?
Repoussez loin de vous un fougueux parricide,
Rival, par ses bons mots, d'Antoine et de Lépide,

Qui vous dit : « Égorger n'est pas un droit cruel;

« Ce n'est que renvoyer au juge naturel. »

Le pouvoir dangereux de vos lois meurtrières,

S'étend sur les palais comme sur les chaumières,

Quand la foudre, grondant sur les rocs soucilleux,

Renverse avec éclat leurs faîtes orgueilleux.

Le bourreau des sujets le fut aussi des maîtres.

Gardons-nous d'imiter nos barbares ancêtres :

Des supplices affreux ne sauvaient pas les rois.

On prit l'atrocité pour la force des lois,

Dont l'esprit consista dans le sang à répandre.

Mais on le fait couler, dit-on, pour nous défendre.

Un prétexte, une erreur ne séduit pas toujours ;

On ne peut nous défendre en terminant nos jours.

J'abhorre une défense illusoire et funeste,

Qui dérobe à nos yeux cette voûte céleste,

Ces globes suspendus sur la terre et les mers,

Ces plaines, ces forêts et ces fleuves divers,

Ces monts et ces rochers qui portent dans les nues

Les antiques sommets de leurs têtes chenues.

J'admire ce spectacle indifférent pour toi,

Misérable Attila qui règnes par l'effroi.

J'oserai cependant combattre ta doctrine,
Et de tes noirs arrêts éclaircir l'origine.

On suppose un traité qui ne fut point écrit,
Et qui des lois de sang nous découvre l'esprit :
« Sans craindre les erreurs d'une loi meurtrière,
« Tout mortel, lui donnant sa confiance entière,
« S'engage pour jamais à voir venir la mort,
« Si, devenu coupable, il a bravé le sort,
« Ou s'il faut que l'état, maître de la justice,
« Juge qu'un innocent doit marcher au supplice. »
La seule tyrannie inventa ce traité;
Toutefois on le prête à la société.
On établit la loi fatale et parricide
Sur le consentement d'un peuple suicide;
Mais fut-il sur la terre un peuple d'assassins
Qui, voulant s'égorger, ait réglé nos destins?
Si l'homme disposait de sa propre existence,
L'existence d'autrui serait en sa puissance.
Pourrait-il accorder, sans le plus grand danger,
Un droit qu'il n'eut jamais, le droit de s'égorger?
Le mortel insensé qui se détruit lui-même
De la loi meurtrière embrasse le système,

Se frappe de sa main, et ne soupçonne pas
Que l'ombre de l'erreur va couvrir son trépas.
On cherche l'assassin partout, hors dans la tombe;
On croit le voir, le prendre, et l'accusé succombe.
Mais, en se détruisant, les mortels et les lois
Donnent à des forfaits le faux titre de droits:
Où la raison n'est pas, le droit est chimérique:
On le met dans la force et dans la politique,
Sans voir que les excès du sceptre le plus fort
Révoltent les mortels qui brisent son ressort.
Craignez donc les fureurs d'un peuple qui se lève;
Rendez justes vos lois, sans les armer du glaive.
Le pouvoir légitime exclut la cruauté;
Fondez-vous sur le droit de la paternité:
Un père de famille est quelquefois sévère;
Mais, toujours généreux, toujours il se modère.
A des enfans ingrats il oppose le frein,
Gronde, tonne, menace, et retire sa main.
Assez fort, assez grand pour se vaincre lui-même,
Il met dans le pardon sa volupté suprême.
Pourrait-il sans horreur voir sur des échafauds
Ses enfans malheureux, livrés à des bourreaux?

Mais, franchissant les mers, je vois Philadelphie,
Où les lois sont l'esprit de la philosophie.
Là, de grands criminels, en Europe nombreux,
Ourdissent rarement des complots ténébreux ;
Là, du législateur la sagesse profonde,
Animant l'industrie, est la leçon du monde.
Les prisons n'y sont pas des cloaques bruyans,
Où pullule l'essaim des vices effrayans ;
Là, règne jour et nuit l'œil de la vigilance,
La crainte sans terreur, le calme, le silence ;
Là, sont des ateliers par l'état protégés,
Et par les mains de l'art les crimes sont vengés.
Sans la peine de mort en ces lieux on respire ;
De la douceur des lois on y connaît l'empire.

Loin de ces bords heureux, je vois d'autres états
Exister sans la loi prodigue d'attentats,
Qui dans le sang humain replonge la patrie,
Et confond la justice avec la barbarie.

La Toscane exista sans la loi des tyrans.
Léopold, sers d'exemple aux plus fiers conquérans,
Et que l'humanité soit leur noble conquête !
Montre-leur ton vaisseau qu'épargna la tempête,

Et qui vogua vingt ans, éloigné des rochers

Où le courroux des flots entraîne les nochers.

O prince ! qu'en tout lieu ta gloire soit chantée ;

Puisse-t-elle éclairer la terre ensanglantée.

Là, par des assassins, ici, par des bourreaux,

Là, par des bataillons instrumens d'un héros

Qui n'aime à commander qu'incendie et carnage !

J'abhorre ses exploits si vantés d'âge en âge ;

J'admire Élisabeth qui, gouvernant le Nord,

Brisa la dure faux de la cruelle mort.

Heureux si, proscrivant tout horrible supplice,

Les Czars, ses héritiers, modèrent leur justice,

Humanisent les mœurs et les lois et la cour,

En condamnant le crime à supporter le jour !

Qu'ils ouvrent au coupable une utile carrière,

Sans révolter les cœurs et la nature entière.

Moscovite, Espagnol, Grec, Romain, Hottentot,

Si l'homme en tout climat est l'œuvre du Très-Haut,

Peut-on, sans outrager le Dieu de la nature,

Mutiler de sang froid l'homme, sa créature ?

Faut-il, pour les punir, retracer les forfaits ?

Dispensons des travaux unis à des bienfaits.

—Des bienfaits aux méchans! tombent plutôt leurs têtes.

—Voyez l'astre des cieux dissipant les tempêtes :

Quand sa chaleur féconde anime l'univers,

Ne la verse-t-il pas sur les hommes pervers ?

Cesse-t-il d'éclairer le noir antropophage,

Dont la clameur bizarre et l'offense et l'outrage ?

L'astre dont la présence énorgueillit les cieux,

De rayons bienfaisans frappe l'audacieux.

Cependant le pouvoir veut des lois sanguinaires;

Mais le pouvoir extrême, engendrant des sicaires,

N'est pas moins dangereux qu'injuste et mal fondé :

Le vainqueur de Caton, César fut poignardé.

Il avait oublié que la grandeur suprême

Ne doit jamais de sang souiller le diadème,

Et que, dans les états par le fer gouvernés,

On a vu des sultans par le fer moissonnés.

Il prodigua le sang des citoyens de Rome,

Sans voir qu'un assassin n'est jamais un grand homme,

Et qu'il prêtait le flanc à ses fiers ennemis,

Quand à ses volontés il les croyait soumis.

Il marcha fièrement de victoire en victoire;

Mais moins grand que Caton, il méconnut la gloire:

César la renferma dans son autorité,

Caton dans la patrie et dans la liberté.

Idole des humains, ô gloire enchanteresse !

Tu n'inspiras jamais une loi vengeresse

Qui, par sa cruauté, poussant aux attentats,

Précipita cent fois la chute des états,

Oui, le fer des bourreaux, funeste aux républiques,

Sape les fondemens des états monarchiques,

Et nous vient d'un despote, au front pâle et sanglant,

Dévoré de soucis, ombrageux et tremblant ;

Craignant la liberté non moins que la licence,

Il tomba sous le poids de sa propre puissance.

Qu'il instruise les rois par son destin affreux !

Les faibles sont cruels, les forts sont généreux :

Sous Tibère et Néron, Rome fut massacrée ;

Sous Aurèle et Trajan, Rome fut honorée.

Capitale du monde, orgueilleuse cité !

Ta gloire s'obscurcit devant l'humanité :

Je ne puis oublier ta roche tarpéienne ;

Ton code te condamne, ou païenne ou chrétienne,

Jadis tes citoyens, près d'être mis en croix,

Invoquaient vainement leurs titres et tes lois.

Rougis de ton destin : comme autrefois barbare,
Tu règnes par la mort, honte de la tiare.

Change tes lois de sang ; le meurtre est criminel,
Révolte la nature, offense l'Éternel.

A l'extrême vengeance un lâche s'abandonnne ;
Le Dieu de l'univers est bon et nous pardonne.

Il ne peut inspirer à nos saints Anitus
Les excès précurseurs des autels abattus,
L'esprit séditieux, la discorde, l'audace,
Ni les meurtres issus des cavernes d'Ignace.

Quoi donc ! les Escobars revendiquent leurs droits,
Pour frapper et la France et l'Europe et les rois !
Immortel écrivain, Pascal, sors de la tombe,
Parais, et n'attends pas qu'un nouveau roi succombe.

Puissé-je, à ton exemple, éclairer les mortels,
Et démasquer le crime invoquant les autels !

En vain tes détracteurs flétrissent mon ouvrage :
L'éloge des pervers vaut moins que leur outrage.

J'entens leurs cris : « Partout on remit en vigueur
« Des sentences de mort la trop juste rigueur. »
Insensés ! contre vous qu'elles soient rétablies,
Et vous consentirez à les voir abolies.

Mais si long-tems encor le sang marqué vos pas,

Craignez l'horrible loi qui condamne au trépas :

Vouloir la rétablir, c'est vouloir des victimes,

Et contraindre le code à féconder les crimes.

On fait des tribunaux des jeux de sang humain,

Où la mort va doubler le produit de son gain ;

Où l'erreur, confondant le crime et l'innocence,

Prend pour réalités l'ombre et la ressemblance,

Voit une main furtive en un bec gazouilleux *,

Et change en parricide un vieillard vertueux ** ;

On frappe la vertu trop souvent malheureuse,

On la livre aux bourreaux, on veut la rendre affreuse :

Le méchant l'aperçoit, il recule, il a peur,

Il l'évite, et du crime attend le prix trompeur.

Cruels, qui le poussez au bord du précipice,

Que lui reprochez-vous ? Ce que fait la justice,

En frappant la vertu des plus terribles coups.

Trompé par votre exemple, il a fait comme vous.

* Allusion à la pie coupable du vol qui fit condamner à mort la servante de Palaiseau.

** Jean Calas.

14.

Oui, l'exemple du meurtre en inspire l'audace,
Fait armer l'assassin, éternise sa race :
Les frères, les amis brûlent d'être vengés.
Quels cris ! quel désespoir ! « Vous serez égorgés ;
« Nous affrontons la mort ; cédons à la nature ;
« N'écoutons que le droit de venger une injure. »
　　Ainsi, de crime en crime une loi vous conduit ;
Ainsi, par la vengeance un cœur faible est séduit.
Mais le législateur, plus grand que le vulgaire,
Devait-il, écoutant une ardeur sanguinaire,
Ignorer que des lois le meurtre destructeur,
De l'un à l'autre pôle est partout en horreur ?
Devait-il rétablir la peine capitale,
Aux mœurs, à la raison, à la vertu fatale ?
Devait-il, l'œil fermé sous un triple bandeau,
Réparer un forfait par un forfait nouveau ?
Affronter des erreurs l'océan effroyable ?
Immoler l'innocent frappé pour le coupable ?
Punir les attentats par d'autres attentats,
Et réformer les mœurs par des assassinats ?
　　Toutes les cruautés révoltent la nature.
Œil pour œil, dent pour dent, fracture pour fracture,

Telle était autrefois la loi du talion,

Qu'inspira la fureur du tigre ou du lion ;

Que vantait Charondas, que blâmait Aristide,

Et qui servit de règle à la loi parricide.

Mais d'où vient qu'une loi dont les droits apparens

Trompèrent la raison des peuples ignorans ;

Qu'une loi par le crime autrefois inventée,

Prête à des tribunaux sa faux ensanglantée ?

D'où vient que les forfaits sont suivis de forfaits,

Et que du criminel le juge prend les traits ?

La loi du talion, que prôna l'ignorance,

Devrait-elle en Europe étendre sa puissance ?

Injuste, surannée, inutile, en horreur,

La loi la plus barbare est encore en vigueur ;

De l'assassin féroce on en fait la complice ;

Mais on veut qu'elle égorge au nom de la justice ;

On veut que par le meurtre un meurtre soit vengé ;

On veut que dans le sang le fer soit replongé....

La loi de la raison nous conserve la vie ;

La loi qui nous l'arrache est une barbarie,

Enseigne la vengeance, excite aux attentats,

Fait du meurtre un devoir, dégrade les états,

Confond la soif du sang avec la politique,
Et livre à des bourreaux la morale publique.

Souverains de la terre, et vous, législateurs,
Voulez-vous par les lois purifier les mœurs?
Des spectacles sanglans ne souffrez pas l'exemple :
Sans en être effrayé le peuple les contemple.
Songez que l'innocence a péri sous vos lois :
Les bourreaux ont frappé des citoyens, des rois,
Des vierges, des vieillards, des familles entières,
Victimes de vos lois lâchement meurtrières,
Et toujours instrumens de ces grands criminels
Qui, pour venger les dieux, ont brûlé des mortels.
Mais si le fanatisme, au nom de la justice,
Condamna la raison à marcher au supplice,
Si de la vérité les amis généreux
Furent sacrifiés par des tigres affreux,
Et si tous les martyrs ne sont point des coupables,
Pourquoi leur portez-vous des coups irréparables?
Pourquoi charger encor ces hideux tombereaux,
D'où les têtes roulaient en de vastes tombeaux?

Relisez, méditez vos lois et vos sentences :
Hélas! peut-on y voir le pardon des offenses,
Ce pardon généreux, délices des grands cœurs,
Qui de nos ennemis fait des admirateurs?
Frémissez au seul nom de *vindicte publique;*
Préférez au courroux la clémence héroïque;
Réformez votre Code, ouvrage des Sylla,
Des Néron, des Tibère et des Caligula.
Féroces héritiers de ces tyrans horribles,
Loin d'ici : je m'adresse à vous, mortels sensibles,
Amis de la justice et de l'humanité,
Plus grands par la raison que par l'autorité.
Civilisez l'Europe orgueilleuse et barbare;
Guidez le voyageur que la nuit sombre égare.
Le coupable est un homme, humanisez vos lois;
Dans les atrocités ne puisez pas vos droits :
Où la cruauté règne il n'est point de justice.
Jamais, jamais Titus n'ordonna le supplice.
La vengeance et le meurtre, issus des tribunaux,
Et des mœurs et des lois sont les plus grands fléaux;
Les sentences de mort font gémir la patrie.
Que l'oreille et le cœur s'ouvrent quand elle crie :

« Roi, sachez gouverner sans la loi du trépas ;

« Corrigez les pervers, ne les égorgez pas ;

« Abolissez enfin une loi criminelle :

« L'humanité vous offre une palme immortelle. »

———❖———

CINQUIÈME ESSAI.

VOCABULAIRE

DES NOUVEAUX ESSAIS

SUR LA PEINE DE MORT.

ABOLITION. L'abolition de la torture fut le présage de la réforme des peines atroces, telles que la marque ou flétrissure et la peine de mort.

ADULTÈRE. Le célibat des prêtres est funeste aux mœurs; il multiplie, entre autres crimes, celui de l'adultère : j'en atteste les magistrats auprès de qui je sollicitai avec succès en 1819, en faveur d'un curé qui était en prison, à la Force, le bienfait de l'indulgence, moins dangereuse que le scandale.

ANCÊTRES. Les erreurs des ancêtres, en fait de législation, ne justifient pas l'exécution des lois injustes et cruelles.

ANITUS. Ce prêtre athénien fut l'un des accusateurs de Socrate.

ANTOINE, triumvir, demanda la tête de Cicéron à Octave qui fut assez lâche pour la lui envoyer. Fulvie, femme d'Antoine, perça plusieurs fois, avec un poinçon d'or, la langue de l'orateur romain.

ARISTIDE. Les Athéniens lui donnèrent le surnom de JUSTE.

ASPAR. Dans la Phénicie, les enfans de noble extraction, qui tombaient au sort, étaient sacrifiés à Saturne. Aspar, fils d'Annibal et d'Imilcée, allait être immolé, à l'instant où sa mère s'écria :

> Quæ porrò hæc pietas delubra aspergere tabo?
> Heu! primæ scelerum causæ, mortalibus ægris,
> Naturam nescire deûm. Justa ite precari,
> Thure pio, cædumque feros avertite ritus:
> Mite et cognatum est homini deus. Hactenus, orò,
> Sit satis ante aras cæsos vidisse juvencos,
> Aut, si velle nefas superos fixumque sedetque,
> Me, me, quæ genui, vestris absumite votis.
> Cur spoliare juvat Libycas hâc indole terras?

Madame la princesse Constance de Salm a exprimé les principales idées de ce passage du quatrième livre de *Silius Italicus* :

> Quoi donc! faut-il, pour plaire aux dieux,
> Faut-il leur prêcher des victimes sanglantes!

Peuvent-ils sans horreur ici jeter les yeux
    Sur des victimes palpitantes
    Dont le sang fume devant eux ?
Faut-il, pour les toucher, détruire leur ouvrage ?
      (SAPHO, *tragédie lyrique*, a. III, sc. 5.)

ASSASSIN. Il est arrivé qu'un assassin étant mort, on a prétendu l'avoir découvert parmi les vivans, et l'avoir justement livré au bourreau.

ATELIERS. Il y a, dans les prisons de Philadelphie, des ateliers où les crimes sont expiés utilement.

ATTILA, roi scythe, disait à ses armées : «J'ai le « coutelas de Mars; à ce coutelas est attachée la « conquête du monde; je suis le fléau de Dieu, le « marteau de l'univers : les étoiles tombent devant « moi. »

AUGUSTE. Le poète Lingendes a reproché avec raison à l'auteur des Métamorphoses d'avoir prodigué des éloges à celui qui, sous le nom d'Octave, s'était couvert de crimes :

    Ovide, c'est à tort que tu veux mettre Auguste
      Au rang des immortels :
    Ton exil nous apprend qu'il était trop injuste
      Pour avoir des autels.

AURÈLE. Quoique empereur, Marc-Aurèle eut des amis. Ceux-ci lui conseillaient de faire comme Domitien, dont il éprouvait le sort, et de répudier l'impudique Faustine. «Si je la répudie, ne dois-je

15

« pas lui rendre la dot ? Fille d'Antonin, elle me
» rendit le successeur de son père. »

Bailly, maire de Paris, fit exécuter la loi martiale. Plus d'un de ses imitateurs s'est dispensé d'ordonner, avant les massacres, les trois proclamations
que cette loi exigeait.

Balance. Les tyrans font incliner à leur gré la
balance de Thémis, toutes les fois qu'il y a partage
égal dans les opinions d'une cour de justice.

Barthélemi. Les massacres de la Saint-Barthélemi ont été approuvés par des fanatiques, même
dans notre dix-neuvième siècle.

Beccaria, né en 1735 à Milan, y mourut en
1793. Ce publiciste célèbre, auteur du *Traité des
délits et des peines*, ouvrage qui a eu plus de cin-
quante éditions, a été surnommé le *Montesquieu de
l'Italie*. L'opinion de ces deux écrivains n'est pas la
même, en ce qui concerne la peine de mort. L'auteur
français ne parle que superficiellement de la plus
importante des questions ; le philosophe italien l'a
examinée avec autant de profondeur que de clarté.
Aussi regarde-t-on comme le plus beau morceau du
Traité des délits et des peines le seizième paragraphe,
ayant pour titre : *De la peine de mort.*

Bienfaits. Est-ce toujours la vertu qui reçoit le

plus de bienfaits ? L'astre du jour éclaire les pervers, sans priver de ses rayons les hommes de bien.

BONAPARTE. C'est lui qui a rétabli la marque flétrissante, qu'il faut se hâter d'abolir à jamais.

BOURREAU. Sous le règne de la terreur, le bourreau fut le citoyen le plus considéré de la ville de Brest. Il réunissait en lui la double qualité d'oracle du tribunal et de président de la société populaire. C'était à qui se plongerait le plus avant dans l'ignominie, pour mériter ses bonnes graces. Toutes ses paroles étaient recueillies et citées comme des maximes ; il ne faisait rien qui ne parût un exemple à suivre : on le fatiguait d'adulation ; on se disputait l'honneur de l'avoir pour gendre. Rien n'était plus ordinaire que de voir dans les rues des officiers de tout grade l'aborder d'un air caressant, et presser de leurs mains victorieuses ses mains sanglantes.

BRAS. Les gouvernans qui emploient des bras à couper d'autres bras sont-ils les plus éclairés ?

BRIGAND. Un brigand ne craint pas la mort ; il la brave :

> Il ne braverait pas un labeur éternel ;
> L'espoir de vivre oisif l'a rendu criminel.

BRIGANDAGE. C'est au pied même de l'échafaud que le brigandage est exercé. La peine de mort n'inspire donc pas une terreur salutaire.

Buchers. On a long-tems brûlé vifs des hommes et les ouvrages des savans où les impostures étaient dévoilées.

Bulles. Les écrits ultramontains ne sont-ils relatifs qu'aux biens spirituels ?

Caligula. Cet empereur romain était fils de Germanicus, et devint le digne successeur de Tibère. Il voulut se faire adorer comme un dieu. Il ordonna que les statues de Jupiter fussent décapitées, et que toutes les têtes de divinités fussent remplacées par la sienne. Caligula, l'un des plus monstrueux scélérats qui aient souillé la terre, fut mis à mort par un tribun de la garde prétorienne. On fit porter son corps dans un jardin, où ses sœurs l'ayant brûlé à demi, se hâtèrent de l'enterrer, pour empêcher que le cadavre ne fût traîné dans les rues, mis en pièces et jeté à la voirie.

Carrier. Il naquit en 1756 à Iolay dans la Haute-Auvergne. Il fut membre de la convention nationale. Sur les plaintes portées à Robespierre par Julien (de la Drôme), il fut condamné à mort le 15 décembre 1794, comme convaincu d'avoir ordonné des *noyades*, et d'avoir fait fusiller des enfans de 14 et de 13 ans. Il avait donné le nom de *mariages républicains* aux *noyades* faites par ses ordres à Nantes ; expression aussi absurde que le serait celle de *crimes monarchiques*, donnée aux crimes commis sous la monarchie.

CATON. Il se donna la mort pour se délivrer de la tyrannie de César. N'eût-il pas été plus digne de son ame élevée de souffrir la vie, et de reprocher à son vainqueur les forfaits de l'ambition ?

CÉLIBAT. Les oracles ultramontains commandent aux ministres des autels un état absolument contraire à la nature et à la raison. Les prêtres ne sont-ils pas des hommes ?

CÉSAR. Il fut poignardé; mais la mort de ce tyran n'a pas été celle de la tyrannie.

CHALOTAIS (LA). Ce magistrat se rendit célèbre lors de l'expulsion des Jésuites. Il aurait péri victime de l'oppression, si le duc de Choiseul n'eût fait valoir les vigoureuses remontrances du parlement de Paris. Arraché à la mort, il fut exilé. Il avait écrit un de ses mémoires avec un cure-dent et de la suie; ce qui a fait dire à Voltaire que *le cure-dent de La Chalotais gravait pour l'immortalité.*

Le fils de l'illustre magistrat fut condamné à mort, âgé de 65 ans, le 17 janvier 1794, par le tribunal révolutionnaire.

CHARONDAS. Ce législateur fut l'apologiste de la loi du talion. Ses idées étaient souvent opposées au sens commun; il termina lui-même sa vie.

CHATEL. Maître J. Boucher, né à Paris en 1550, successivement recteur de l'université, prieur de Sorbonne, docteur et curé de St. Benoît, chanoine et doyen de Tournai, mort en 1644, fit, sous le nom de FRANÇOIS DE VÉRONNE, l'apologie de J. Châtel, assassin de Henri IV.

CLÉMENT. Ce fanatique dominicain avait lu dans son bréviaire l'article de Judith avant d'assassiner Henri III à St.-Cloud.

CODE. Un Code sanguinaire ne prouve pas que le meurtre public soit légitime.

COFFINHAL. Ce forcené partisan de la peine de mort fut élu vice-président du tribunal révolutionnaire, à l'époque où la terreur exerçait les plus grands ravages. Ses froides et cruelles plaisanteries, adressées aux victimes de sa férocité, le rendirent à jamais exécrable. Se trouvant avec Robespierre à l'Hôtel-de-Ville, la nuit du 9 thermidor, il jeta par la fenêtre l'ancien commis de barrière Hanriot, devenu général. Il l'accusait d'avoir manqué de courage en marchant contre la convention. Coffinhal parvint à s'échapper, à l'instant où l'on saisissait Robespierre et les autres conjurés. Il resta caché deux jours dans l'île des Cygnes, sans prendre la moindre nourriture. Pressé par le besoin de manger, il sortit de sa retraite et fut arrêté. Conduit de la conciergerie du palais à l'échafaud, il déclara qu'après ce qu'il avait souffert dans l'île des Cygnes, la mort était pour lui un bienfait.

COLLOT-D'HERBOIS. Il fut, à Lyon, l'agent de Robespierre. Il lui écrivit un jour: « Je veux faire « écraser, dans cette ville rebelle, jusqu'au dernier « des enfans sur la dernière pierre. » J'ai lu de mes propres yeux ces expressions dans les bureaux de la commission chargée de l'examen des papiers trouvés chez Robespierre. L'ancien comédien, devenu député, n'avait pas oublié, en écrivant le mot que je viens de citer, qu'il avait été sifflé à Lyon, ville connue, pendant le règne de la terreur, sous le nom de *commune affranchie.* Une autre commune était appelée alors VILLE SANS NOM; ce que l'on peut vérifier dans le recueil complet des décrets de la convention nationale.

CONCLAVE. Ce ne sont pas seulement les philosophes que le conclave a condamnés. Un riche boucher de Rome a été marqué par le bourreau sur la place *Fontana di Trevi,* dans le mois de juin 1825, pour avoir mangé de la viande, un vendredi, dans une auberge.

CONFISCATION. Les lois ont abrogé la confiscation des biens du condamné; mais lorsqu'une famille est ruinée par la mort de celui dont l'honorable industrie

tenait lieu de propriétés, les lois réparent-elle les
torts des tribunaux? non, puisque la famille périt
dans la détresse. Il ne suffit pas d'avoir abrogé la
confiscation des biens; il faut abroger aussi la confiscation de la vie, parce que la vie est la principale
propriété, la source, le premier, le plus grand des
biens et celui que la nature seule a le droit d'a-
liéner.

CONSULAT. Sous le consulat de Bonaparte, quatre
citoyens: *Aréna*, *Demerville*, *Cérachi* et *Topino-
Lebrun* eurent la tête tranchée; ces infortunés
avaient été accusés d'avoir *voulu* assassiner le premier
consul. Le seul témoignage d'un agent de la police
consulaire fut écouté, au mépris d'un très-grand
nombre de témoins à décharge. Je fus le dix-septième
de ces témoins. Je parlai en faveur d'*Aréna* * et de
sa famille avec une fermeté que Bonaparte ne me
pardonna jamais. Après avoir défendu *Aréna*, j'allais
m'asseoir sur un banc où était un seul homme, c'é-
tait le dénonciateur; mais je l'ignorais. L'huissier
m'empêcha d'avoir un voisin si honnête. Je cherchai
des yeux une place. Le public s'en aperçut, et plusieurs places me furent offertes simultanément. On

* Joseph, le plus jeune des *Aréna*, fut pris pour *Barthélemi*,
son frère aîné. J'affirme que l'un n'était pas plus coupable que
l'autre.

devine que la police ne me fut pas aussi favorable que le public. Mais il ne s'agit pas des persécutions que j'éprouvai ; il me suffit d'observer que mon nom fut estropié dans le procès imprimé ; que j'y fus désigné sous le nom de *Valois*, et que cependant je devins la proie des sycophantes. J'étais alors *suspect d'être suspect*, pour me servir d'un mot qui a été remarqué ; j'avais élevé librement la voix en public pour sauver un bon citoyen ; on ne peut donc s'étonner raisonnablement que, sous Bonaparte, j'aie mérité l'honneur d'être surveillé de près par la haute police. Si j'avais joué le double rôle d'accusateur et de calomniateur, j'aurais été récompensé.

CORRECTION. L'homme qui devient coupable passe du bien au mal ; mais il n'est pas impossible que du mal il passe au bien. Il faut donc, au lieu de l'exterminer, savoir le corriger.

COUTHON. Ce féroce partisan de la peine de mort s'opposa vivement à ce qu'il fût sursis au jugement qui condamnait à mort LOUIS XVI. Il avait traité de *beau rêve* l'institution des jurés. Il fut envoyé à Lyon, d'où il appela soixante mille hommes pour accélérer le siége de cette ville. La reddition en ayant été faite, il présida au supplice des nombreuses victimes de ses vengeances. Un décret avait ordonné la démolition des édifices publics de Lyon. Couthon donna le premier coup de marteau, en disant sur celui de la place de *Bellecour* : « Je te condamne à « être démoli, au nom de la loi. » C'est lui qui avait proposé la fameuse loi de sang du 22 prairial, loi exécrable qui accélérait les assassinats du tribunal révolutionnaire. « Il s'agit moins, s'écria l'énergu- « mène, de punir les ennemis de la liberté, que de « les anéantir. L'indulgence, en ce cas, est atroce, « et la clémence parricide. Celui qui veut soumettre « le salut public aux préjugés du palais, aux inter- « ventions des jurisconsultes, est un insensé ou un « scélérat qui veut tuer juridiquement la patrie et « l'humanité. »

Pourra-t-on le croire sans étonnement ? le rap- port de Couthon, qui mettait la convention sous la hache révolutionnaire, fut sanctionné presque sans murmure, par la convention elle-même....

Couthon ayant été décrété d'accusation, le 9 ther- midor, fut mis au corps de garde de la convention, d'où il fut enlevé par Coffinhal, et porté à l'Hôtel- de-Ville. On allait le saisir lorsqu'il se donna légère- ment un coup de poignard. Il fut exécuté le 28 juil- let 1704, à l'âge de 38 ans.

CROISADES. Ceux qui étaient enrégimentés dans ces ligues de fanatiques portaient une croix sur leur ha- bit. Ces énergumènes allaient massacrer saintement les peuples dont la croyance n'était pas celle des chrétiens.

Tantùm relligio potuit suadere malorum !

CROIX. Des esclaves et des citoyens furent condamnés à Rome au supplice de la croix. On a fait subir le même supplice chez des peuples aussi barbares que l'étaient les Romains. A-t-on voulu affaiblir l'horreur qu'inspirent et la croix et les anciens porte-croix, quand on a changé le signe d'un supplice en signe de décoration? Des femmes portent encore des croix suspendues à leur cou, et des hommes en embellissent fièrement leur boutonnière, sur la poitrine.

CROMWELL. Il était âgé de 43 ans lorsqu'il embrassa la profession de militaire. Ses exploits furent si nombreux et si étonnans, qu'il parvint à obtenir le titre de *protecteur d'Angleterre.* Ayant appris que la chambre des communes voulait lui ôter ce titre, il entra dans la salle, et dit avec audace : « J'ai appris, messieurs, que vous aviez résolu de « m'ôter les lettres de *protecteur;* les voilà. Je serai « bien aise de savoir s'il se trouve parmi vous quel- « qu'un assez hardi pour les prendre. » Après les avoir menacés, il exigea d'eux le serment de fidélité. Il eut l'adresse de se faire offrir le titre de *roi,*

afin d'avoir la gloire de le refuser, et pour mieux
consolider sa puissance. Pendant le ministère de Ma-
zarin, Cromwell se ligua contre l'Espagne concur-
remment avec la France. Cette ligue contribua beaucoup à la grandeur où la France était parvenue sous
le règne de Louis XIV. Dans le traité que firent les
deux puissances, Cromwell fit mettre son nom avant
celui du monarque français, en substituant le titre
de *roi des Français* à celui de *roi de France*. Cromwell se qualifia *protecteur d'Angleterre et de France*.
Le jour qu'il fit son entrée à Londres, on lui parlait
de l'affluence de peuple qui accourait de toute part
pour le voir : » Il y en aurait autant, dit-il, si l'on
« me conduisait à l'échafaud. »

CULTES. Si les cultes divers ne permettent pas l'effusion du sang humain, pourquoi le répandre ? S'ils
la permettent, peuvent-ils adoucir les mœurs ?

DAMOCLÈS. Ce courtisan exaltait beaucoup le
bonheur et la magnificence de Denys le tyran. Ce
prince, l'ayant invité à un grand festin, le fit habiller
et servir en roi. Mais comme Denys avait fait suspendre sur la tête du courtisan une épée nue, qui
ne tenait au plancher que par un crin de cheval,
Damoclès effrayé eut pour la première fois une idée
de la félicité d'un tyran, et demanda qu'il lui fût

permis de se retirer et d'aller jouir de la médiocrité de son premier état.

DANGER. Toute forte passion du bien ou du mal a plus d'empire sur l'homme que le plus grand danger. Le premier navigateur brava les tempêtes, les écueils, la faim et la mort.

DANTON. Il naquit à Arcis-sur-Aube, le 8 octobre 1759.

Après la journée du 10 août, qu'il avait préparée, il fut appelé au ministère de la justice. On lui disait un jour que la convention avait tort de vouloir juger Louis XVI, parce que les membres d'une assemblée ne pouvaient être à la fois accusateurs, jurés et juges. « Nous ne voulons pas le juger, répondit froide- « ment Danton, nous voulons le tuer. » Étant minis- tre de la justice, il regarda et commanda comme *nécessaires* les massacres dans les prisons, en 1792. Il fut condamné à mort, le 5 avril 1794, par le tri- bunal révolutionnaire qu'il avait fait établir ; ce qui prouve que tôt ou tard les instrumens de la ven- geance sont brisés : Pérille fut consumé le premier dans le taureau d'airain que Phalaris lui avait de- mandé ; le favori d'Anne de Boulen, Thomas Crom- well, fut condamné d'après la loi qu'il avait portée contre le crime de lèse-majesté ; trois ministres, l'un d'Assuérus, l'autre de Philippe-le-Bel, et un autre

16

de François I, furent pendus aux gibets qu'ils avaient fait dresser eux-mêmes.

DÉICIDE. Ce crime est impossible; l'idée en est absurde; on ne peut tuer le Dieu de l'univers. Le rapporteur qui, chargé des vengeances du ciel, a fait usage du mot *déicide*, est un ignorant ou un homme de mauvaise foi.

DÉPUTÉS. A l'époque du procès de Louis XVI, plus de 300 députés se prononcèrent contre la peine de mort; et quelques-uns, parmi eux, ne craignirent pas d'avancer que les arrêts de mort révoltent, dans tous les cas imaginables, la nature et la raison.

DÉSERTEURS. Volcatius Gallicanus rapporte que Cassius * faisait couper les pieds et les mains aux déserteurs; barbarie qui était à charge ou inutile à l'état: à charge, si les déserteurs mutilés ne perdaient point la vie: inutile si la mort suivait la mutilation.

DESPOTE. Renversé de son trône, sous le poids de sa propre puissance, un despote donne une grande leçon à tous les ambitieux, ivres du pouvoir absolu.

DIVORCE. La loi du 20 septembre 1792 supprimait les abus du divorce; la loi du 8 mai 1816 sup-

* Avidius Cassius, capitaine romain, sous Marc-Aurèle et Lucius Verus, devint empereur en Syrie. Il fut assassiné le troisième mois de son règne.

prime le divorce, sans considérer qu'une loi qui empêche, dans tous les cas, un second mariage, est injuste, immorale et impolitique. Elle est injuste en ce qu'elle traite l'époux non coupable comme celui, par exemple, qui est condamné aux travaux ou à une réclusion à perpétuité; elle est immorale en ce qu'elle pousse au vice l'époux qui devrait avoir, mais qui n'a pas le droit de se remarier; elle est impolitique en ce qu'elle est attentatoire à la population autant qu'à la loi naturelle.

DRACON. Ce législateur athénien rendit les lois cruelles et sanguinaires. *Ses lois, écrites avec du sang, a dit un auteur, eurent le sort qu'elles devaient avoir; elle tombèrent en désuétude.*

La mort de Dracon fut un événement que ses partisans, sincères ou non, rendirent bien remarquable. Le législateur ayant paru au théâtre, les spectateurs lui jetèrent, comme signes d'applaudissemens, tant de robes et de bonnets, qu'il fut étouffé sous les trophées de la gloire.

DRAGONNADES. On a donné ce nom aux massacres faits par des *dragons*, bourreaux des protestans, dans les Cévennes, sous le règne de Louis XIV.

DROIT. Le pouvoir est souvent confondu avec le droit. Les hommes n'ont pas le droit de s'entre-égorger. Ce n'est point dans les atrocités qu'il faut puiser les droits de l'homme. Le véritable droit prévient les erreurs irréparables ; on ne peut prévenir de telles erreurs, que par *l'abolition de la peine de mort.* Le législateur, dont l'imprévoyance fait ôter juridiquement la vie à un innocent, ne peut la lui rendre ; il s'arroge le droit de faire le mal sans avoir le pouvoir de le réparer.

DUEL. L'honneur consiste dans le mépris de la vengeance. L'homme qui tue ou qui est tué ne prouve pas que le meurtre soit honorable.

> Quand pourrons-nous détruire un affreux préjugé
> Qui commande le meurtre à l'honneur outragé ?
> (*Discours en vers.*)

DUMAS. Pour avoir une idée de son caractère, il suffit de se rappeler qu'il présida le tribunal de la terreur. Il lançait des sarcasmes contre ses victimes. Madame la maréchale de Noailles, âgée de plus de 80 ans, étant forcée par sa surdité d'avancer la tête et de répondre à chaque question : *Qu'est-ce que vous dites ?* « Tu ne vois donc pas qu'elle est sourde, « dit à Dumas un de ses voisins ? » *Eh bien*, répondit-il, *elle a conspiré sourdement.* Complice et défenseur de Robespierre, il fut exécuté avec lui, le 28 juillet 1794, à l'âge de 37 ans.

DUPATY. Ce magistrat consacra sa vie à la réforme

des lois ; il a mérité par ses travaux la reconnaissance de la postérité. Il arracha au supplice trois malheureux condamnés à la roue. Son mémoire pour leur défense est un chef-d'œuvre. Ses *Réflexions historiques sur les lois criminelles* méritent l'attention des législateurs. Dupaty, né à la Rochelle, fut président au parlement de Bordeaux ; il mourut à Paris, en 1788.

ÉLISABETH. La crainte des révolutions qui éclatèrent souvent chez les Russes n'empêcha point cette princesse * d'abolir la peine de mort. Elle avait délivré plus de vingt-cinq mille prisonniers, les uns pour contrebande, les autres pour dettes qu'elle paya de ses propres deniers. Ce n'est pas au cœur d'Élisabeth, c'est à la cruauté de ses favoris qu'il faut attribuer l'abus d'une peine bien plus terrible que la mort, l'exil en Sibérie et la mutilation.

ÉROSTRATE. Cet homme d'Éphèse, ayant voulu s'immortaliser, mit le feu au temple de Diane, l'une des sept merveilles du monde **, l'an 356 avant l'ère

---

* L'impératrice Élisabeth, fille du Czar Pierre I, née le 29 décembre 1710, monta sur le trône le 7 décembre 1741. Elle mourut le 5 janvier 1762.

** Les sept merveilles du monde sont : les murailles et les jardins de Babylone, faits par *Sémiramis ;* les pyramides d'Égypte ; le phare d'Alexandrie ; le tombeau qu'Artémise fit

commune. On fit une loi qui défendait de prononcer
le nom d'*Érostrate*, loi bizarre qui servit l'intention
de l'incendiaire.

ERREURS DES TRIBUNAUX.

On fait des tribunaux des jeux de sang humain,
Où la mort va doubler le produit de son gain ;
Où l'erreur, confondant le crime et l'innocence,
Prend pour réalité l'ombre et la ressemblance,
Voit une main furtive en un bec gazouilleux,
Et change en parricide un vieillard vertueux.

(*Discours en vers.*)

Ce vieillard : allusion à Calas. Quant au bec
gazouilleux, on devine que je parle de la servante de
Palaiseau. Accusée de plusieurs vols de couverts
d'argent et de pièces de monnaie, l'infortunée fut
condamnée à mort. Elle était innocente. La coupable
était une *pie*, oiseau voleur, qui avait caché dans
une gouttière les couverts et l'argent. On disait autrefois à Paris une *messe de la pie*. L'objet de cette
messe était l'expiation de l'erreur des juges qui
avaient pris une main pour un bec.

ESCOBAR. Le nom de ce jésuite espagnol, théolo-
gien-casuiste, est souvent pris dans la signification

élever pour son époux MAUSOLE ; le temple de Diane, à Éphèse ;
le temple de Jupiter-Olympien, à Pise, en Élide, et le colosse
de Rhodes.

d'escamoteur. Il mourut en 1669, âgé de 80 ans. Pascal a tourné en ridicule les *principes de la commode morale d'Escobar.*

EXIL. Lors du sacre de CHARLES X, deux vieillards célèbres, MERLIN et DAVID, furent exceptés de l'amnistie générale qui permettait aux proscrits de rentrer en France. Que penser de ces deux exceptions?...

Exil, déportation, bannissement; voilà des termes de la vieille législation; les délits doivent être expiés sur les lieux où ils ont été commis. Que dirions-nous si les étrangers voulaient infecter notre pays de leurs coupables?

FANATISME. « C'est le fanatisme qui trop souvent « inspira des actions impies et criminelles. Ainsi, « l'élite des chefs de la Grèce, les premiers héros « du monde, répandirent, en Aulide, sur l'autel de « Diane, le sang d'Iphigénie. Quand le bandeau « funèbre eut paré la chevelure de la jeune prin- « cesse, quand elle vit son père au pied de l'autel, « debout, l'œil triste, et l'air morne; à côté de lui « les sacrificateurs, cachant sous leur robe le couteau « sacré, en présence d'un grand peuple dans la cons- « ternation : à ce spectacle, muette d'effroi, elle « tombe sur ses genoux comme une suppliante. Que « lui servait d'avoir, la première, donné le nom de « PÈRE au roi de Mycène? Des prêtres impitoyable

« la soulèvent, et la portent tremblante à l'autel,
« non pour la reconduire au milieu d'un pompeux
« cortége, après la cérémonie de l'hymenée; mais
« pour la faire expirer sous les coups de son père,
« à l'instant même que l'amour destinait à son ma-
« riage. Et pourquoi ? afin d'obtenir un heureux
« départ pour la flotte des Grecs : tant il est vrai que
« les cultes enfantèrent les plus grandes atrocités. »
(*Traduction de* Lucrèce, *liv.* I).

FRÉDÉRIC. On avait adressé à Frédéric, roi de
Prusse, un manuscrit où il était outragé. Il le lut
avidement, et envoya chercher un libraire. « Prens
« ce libelle, lui dit le prince; imprime-le; il y a un
« bon coup à faire. »

Quelque tems après, Frédéric aperçut de sa fenêtre une foule de monde qui lisait une affiche. —
« Va voir ce que c'est, dit-il à un page. »—C'est un
« écrit satirique contre votre personne. — Il est
« trop haut; va le détacher, et mets-le plus bas, afin
« qu'ils le lisent mieux. »

GALILÉE. Ce grand homme, né à Florence en
1564, publia, l'an 1632, des dialogues pour dé-
montrer l'immobilité du soleil et le mouvement de
la terre, autour du grand astre. Dénoncé par un jésuite allemand à l'inquisition de Rome, Galilée y
parut avec les sentimens que lui inspiraient les mor-

tels ennemis de la vérité. Ses raisons furent rejetées.
Il fut condamné, le 21 juin 1633, par un décret
signé de sept cardinaux, à la prison et à réciter les
sept psaumes pénitentiaux, une fois par semaine,
pendant trois ans. C'est à l'âge de 70 ans que le sa-
vant astronome fut contraint à demander pardon
d'avoir soutenu son système, et de l'abjurer comme
une hérésie *, les genoux à terre, et les mains sur
l'évangile. A l'instant où il se relevait, agité par le
remords d'avoir fait un faux serment, ou plutôt un
serment forcé comme l'abandon de la bourse à des
brigands, sur un grand chemin, Galilée s'écria, en
frappant du pied la terre : « *E pur si move !* » *Cependant elle tourne !*

Galilée perdit la vue, à l'âge de 78 ans, trois ans
avant sa mort, à Florence, en 1641. Il fut enterré
dans l'église de Sainte-Croix, quoique *hérétique.* C'est
dans la même église qu'un mausolée lui fut élevé, en
1737, vis-à-vis celui de *Michel-Ange.*

GARANTIE. Celle que nous offre la peine de mort
est absurde.

Un prétexte, une erreur ne séduit pas toujours ;

* *Hérésie* signifia souvent *attachement à la recherche de la
vérité.* Le curé *Meslier*, le sincère *Meslier*, par exemple, se rendit coupable de mille *hérésies*, et bien plus coupable qu'*Arius*,
Calvin et *Luther.*

On ne peut nous défendre en terminant nos jours.
J'abhorre une défense illusoire et funeste,
Qui dérobe à nos yeux cette voûte céleste,
Ces globes suspendus sur la terre et les mers,
Ces plaines, ces forêts et ces fleuves divers,
Ces monts et ces rochers qui portent dans les nues
Les antiques sommets de leurs têtes chenues.

(*Discours sur le meurtre public.*)

GLAIVE. La justice et le glaive : quelle alliance et quel contraste !

GLOIRE. La gloire est le prix de celui qui s'expose à la mort en faveur de l'humanité. Les grands meurtriers, tels que Théodose qui fit passer au fil de l'épée les habitans de Thessalonique, prirent la vengeance pour la gloire. On a beau gratifier plus d'un personnage du titre de *saint* ou de *grand homme*, tout assassin est un scélérat.

HÉBERT. Il se fit connaître, pendant la révolution, sous le nom de *père Duchesne*, titre d'un journal incendiaire. Il fut nommé procureur de la commune de Paris. On le compte au nombre des assassins de madame *de Lamballe*. Il concourut aux massacres faits dans les prisons de Paris, dans le mois de septembre 1792. Il accusa la reine *Antoinette* d'avoir prodigué à son fils des caresses incestueuses. C'est par un noble silence que l'infortunée princesse répondit à une accusation si atroce. Le président du tribunal révolutionnaire lui ayant demandé la cause de son silence, elle s'écria, vivement émue: « La « nature se refuse à répondre à une pareille incul- « pation; j'en appelle à toutes les mères ici pré- « sentes. »

L'arrestation d'*Hébert* mit enfin un terme à ses crimes. A son entrée en prison, un détenu lui adressa la parole, et lui dit, en faisant allusion à la *loi contre les suspects:* « Citoyen, je suis suspect, tu « es suspect, il est suspect; nous sommes suspects, « vous êtes suspects, ils sont suspects. » J'ai oublié la réponse d'*Hébert;* mais je n'ai pas perdu le sou- venir du premier entretien que j'eus avec l'éloquent LECHAPELIER, qui termina sa carrière sur l'échafaud comme *le père Duchesne.*

L. Citoyen, êtes-vous ici depuis long-tems ?

V. Depuis six grands mois.

L. J'entre aujourd'hui; je sortirai demain.

V. Fussiez-vous le diable, vous ne sortirez pas sitôt.

L. Je suis plus horrible encore que le diable.

V. Je n'en crois rien, il n'y paraît pas.

L. Vous ne pouvez ignorer qu'on fait la guerre aux ex-constituans. Demain j'aurai vécu.

V. Excusez ma curiosité: votre nom, s'il vous plaît.

L. LECHAPELIER.

V. Vous serez appelé là-haut plus tard que vous
ne pensez; n'y va pas qui veut. J'écris tous les jours
en pure perte à l'accusateur public: « Fais-moi juger;
« je demande la liberté ou la mort. »

L. Pour moi, je ne m'impatienterai pas, puisque
me voilà logé aux frais de la république.

V. On la ruine, on loge *gratis* trop de monde.

L. C'est que chacun se trouve fort bien dans cette
maison de plaisance.

V. Vous ne serez donc pas fâché d'y passer quelques mois.

L. Quelques mois! c'est trop de plaisirs......

Je ne m'étais pas trompé. LECHAPELIER resta quatre mois mon compagnon d'infortune. Il était jovial,
il me faisait oublier plus d'une fois que j'étais en
prison. Quels regrets! le tribunal de sang me l'en-
leva pour jamais, le 3 floréal, an II de la république,
22 avril 1794.

HOMICIDE.

Tuer n'est pas punir; l'homicide est un crime;
Aucune loi ne rend le meurtre légitime.

(Discours en vers.)

HOTTENTOTS. Un auteur, qui a donné à ses sauvages la qualité d'*humains*, rapporte que leurs prêtres sont chargés de châtrer les enfans de 9 à 10 ans.

IMILCÉ. (*Voyez* Aspar).

INFANTICIDES. La cause de ce crime ne fut que trop souvent le célibat forcé.

INNOCENT. Des gouvernans ont décidé que la sûreté publique exige quelquefois qu'un innocent soit mis à mort. Est-il étonnant qu'ils aient foulé aux pieds la justice et l'humanité en faveur de la politique ?

JUDITH. Rome l'admire et enfante l'homicide.

JUGES. Au 13e siècle, on a vu des juges, exécutant eux-mêmes leurs sentences, couper des oreilles, des mains, des bras, des pieds à leurs victimes, qu'ils suspendaient ensuite au gibet.

LÉGISLATEURS. Peuvent-ils ignorer que la loi du talion fut abolie, qu'il est absurde de réparer un meurtre par un autre meurtre, de réformer les mœurs par des assassinats, et de charger les bourreaux des leçons de morale publique ?

LÉOPOLD. Ce grand duc de Toscane s'est immortalisé par l'abolition de la peine de mort. Sous son règne, qui dura 20 ans, il fut commis *cinq* crimes. Pendant ce laps de tems, il en fut commis *deux mille* à Rome, où cependant le climat, les mœurs, la religion étaient et sont les mêmes qu'à Florence. La peine de mort augmente donc effroyablement le nombre des crimes. Voltaire observe que nos législateurs ne sont pas géomètres, puisqu'ils ignorent la science des proportions, et qu'il y a loin de *cinq* à *deux mille.*

LÉPIDE. Ancien triumvir, collégue d'Octave et d'Antoine. Il fit périr tous ses ennemis, et livra son propre frère à la fureur des tyrans avec lesquels il s'était associé. *Il ne mérita point*, dit Paterculus, *les caresses que la fortune lui avait prodiguées* avant son exil en Italie. La cruauté de Lépide est en opposition avec la bonté d'Antonin. « Je préfère, disait le « successeur d'Adrien, la vie d'un homme à la mort « de mille ennemis. »

LIBERTÉ DE LA PRESSE. (*Voyez* Frédéric.)

Loi. La loi est impassible; elle ne pousse point à la vengeance. Elle est en contradiction avec elle-même quand elle ordonne et punit le meurtre. Les lois modérées adoucissent les mœurs; les lois cruelles endurcissent les pervers dans le crime, au lieu de les en détourner.

MARAT. Ce grand apologiste de la peine de mort osa dire un jour qu'il était indispensable de faire tomber quatre cent mille têtes. Il vota la mort de Louis XVI et l'exécution dans les 24 heures. Il était dans un bain, le 14 juillet 1793, lorsque CHARLOTTE CORDAY le poignarda. Son cadavre fut transporté avec pompe au Panthéon; mais peu de tems après qu'on lui eut décerné les honneurs divins, il fut exhumé ignominieusement et jeté dans un égoût.

MARIUS. Ce fameux général fit répandre des flots de sang. Il fit tuer à Rome les plus illustres sénateurs qui étaient venus le saluer, et auxquels il n'avait pas rendu le salut. Vindicatif et cruel, il est regardé comme l'un des plus grands fléaux de l'humanité.

MARQUE. (*Voyez* Bonaparte).

MEURTRE. Nos contemporains, comme nos ancêtres, ont rendu les meurtres innombrables. Les exemples qu'en ont donné les tribunaux ont inspiré aux assassins l'audace qui les caractérise. Le meurtre leur paraît permis parce que la loi se le permet.

MIRABEAU *. Le plus grand orateur de l'assemblée constituante ne fut pas l'homme le moins immoral. Il avait été condamné, pour cause de rapt, à être décapité. Son séjour en Hollande lui fit éviter le supplice. Après avoir gouverné, par son éloquence, l'assemblée des 1200 députés, il mourut le 2 avril 1791. On croit qu'il fut empoisonné. On lui fit de pompeuses obsèques. Les spectacles furent fermés. Les ministres et les membres des autorités formèrent un cortége dont la marche dura quatre heures. Son

* Honoré-Gabriel, comte de Riquetti.

corps fut porté au Panthéon. Il fut exhumé en 1793,
par ordre de la convention. Son buste fut brûlé sur
la place de Grève. Au lit de la mort, Mirabeau avait
dit à ses amis : « J'emporte la monarchie avec moi ;
« des factieux en partageront les débris. » Il avait
dit aussi : « Je sais qu'il n'y a pas loin du Capitole à
« la roche Tarpéienne. »

MORALE. C'est en vain que la morale réprouve la
vengeance ; la plupart des législateurs et des gouvernans méconnaissent la noble générosité qui des
plus cruels ennemis fait des admirateurs respectueux.

MORT.

On ne craint pas la mort, on la cherche, on l'appelle ;
L'expérience parle et sa voix est fidèle.

(Discours en vers sur le meurtre public.)

MUTILATION.

Moscovite, Espagnol, Grec, Romain, Hottentot,
Si l'homme est en tous lieux l'ouvrage du Très-Haut,
Peut-on, sans outrager le Dieu de la nature,
Mutiler de sang froid l'homme, sa créature ?

(Ibidem.)

NÉRON. Jeune encore, ce successeur de Claude
proféra ce mot remarquable, avant de signer un
arrêt de mort : *Je voudrais ne pas savoir écrire.* Il
cessa bientôt d'avoir en horreur l'effusion du sang
humain. Il se mariait avec des jeunes gens qu'il faisait

mutiler pour leur donner un air de femme ; il cou-
rait la nuit avec une troupe de brigands, arrêtait des
femmes et se souillait de crimes qui révoltent la
pudeur. Il ne vivait que de meurtres ; il n'épargna
pas sa mère Agrippine ; il la fit poignarder ; il avait
voulu empoisonner tous les sénateurs dans un repas ;
il fit mettre le feu aux quatre extrémités de Rome ;
il monta sur une tour pour jouir du spectacle de
l'embrasement. Dix quartiers et les plus beaux édifices devinrent la proie des flammes. L'incendie dura
neuf jours. Il aima passionnément le rôle de comédien ; il montait sur le théâtre, et mettait en œuvre
toute sorte de supercheries et de violences pour se
faire applaudir. Telle était la moindre des extrava-
gances du tigre féroce, altéré de sang. « J'aime
« mieux, disait-il, être haï qu'aimé, parce qu'il ne
« dépend pas de moi seul d'être aimé, au lieu qu'il
« dépend de moi seul d'être haï. » Condamné à mort
à l'âge de 32 ans, par le sénat, il fut traîné dans la
boue et fustigé tout nu, dans les rues. C'est en vain
qu'il mendiait la mort, lui qui l'avait tant prodi-
guée ; il n'aurait pas eu la force de se poignarder,
sans le secours d'un esclave. La mort du féroce et
lâche empereur fut suivie de réjouissances publiques.

ORPHELINS. L'infortuné LESURQUES n'est pas le
seul père de famille, injustement condamné à mort,

17.

qui ait écrit ou qui aurait pu écrire à une épouse dé-
sespérée ces mots attendrissans, ces mots qui déchi-
rent les cœurs sensibles, et qu'il faudrait pouvoir graver au-dessus de toutes les portes des palais de justice :

« On te remettra mes cheveux, que tu voudras
« bien conserver ; et lorsque mes enfans seront
« grands, tu les leur partageras ; c'est le seul héri-
« tage que je leur laisse. » (*Voyez l'article* LESUR-
QUES.)

OUBLI.

L'oubli suit le trépas, l'oubli le rend stérile ;
Mais la glèbe pénible est un exemple utile.
                              (*Discours sur le meurtre public.*)

OUTRAGE.

L'éloge des pervers vaut moins que leur outrage.
                              (*Ibidem.*)

PALMES. L'humanité offre des palmes immortelles
aux gouvernans éclairés qui aboliront la peine de
mort.

PEINE. Suivant Platon, la *peine est une précaution
contre le crime.* Or, de toutes les précautions, celle
qui suffit pour arrêter le crime est sans contredit
préférable à un meurtre. Grotius et Puffendorf ont
défini la *peine Un mal qu'on souffre pour le mal
qu'on a fait.* D'après cette dernière définition, il est
évident que le crime doit être réparé ; mais on ne

peut en inférer raisonnablement qu'un meurtre soit
une réparation utile et nécessaire.

Mably raisonne donc sans justesse en disant contre la substitution de travaux à la peine de mort :
« Ces travaux, quelque durs qu'ils soient, ne sont-
« ils pas, dans toute la terre, le partage de l'indi-
« gence ? Et pourquoi voulez-vous que le criminel
« et l'indigent aient le même sort ? » Pour se con-
vaincre que ce n'est là qu'un sophisme, il suffit de
se rappeler ces mots de Puffendorf : « On n'est pas
« flétri simplement pour avoir l'oreille coupée, ou
« pour recevoir des coups de bâton ; mais parce que
« l'on a mérité un tel traitement. »

PEUPLES. Ceux qui les font massacrer croient user
du droit de souverains ; mais le prétendu droit d'exterminer les hommes n'est que le pouvoir de la
tyrannie d'un Néron ou d'un Caligula.

POUVOIR. Le pouvoir absolu caractérise les tyrans.
Partout où le pouvoir est extrême, la justice est
foulée aux pieds.

PRISONS. Vider les prisons et tuer, c'est perpétuer
la doctrine des hommes féroces qui ordonnèrent les
massacres exécutés à Paris en 1792, dans les premiers jours de septembre. Dans les prisons de Philadelphie, on fait travailler utilement les coupables ;
jamais on ne les égorge, ni en public, ni en secret.

Pudeur. La pudeur n'est pas moins violée que la sensibilité par les femmes qui assistent aux spectacles sanglans.

Raison. La raison veut que la justice et l'humanité soient inséparables; elle ne peut faire alliance avec la cruauté.

Ravaillac. François Ravaillac avait assisté dévotement à la messe et avait communié pour se préparer à frapper Henri IV. Dans un interrogatoire, l'assassin avait fait suivre sa signature de ces deux lignes rimées :

Que toujours dans mon cœur
Jésus soit le vainqueur !

Une de ses déclarations portait : « J'ai cru bien « faire, en tuant un roi qui voulait faire la guerre « au pape. J'ai eu des visions, des révélations; j'ai « cru servir Dieu. » On sait que, du tems de Henri IV, des *jésuites*, trompettes du fanatisme, enseignaient qu'il était permis d'arracher la vie à quiconque mettait en danger la religion catholique, en faisant la guerre au pape. Ravaillac avait saisi avidement cette doctrine ultramontaine. Il commit son exécrable forfait le 14 mai 1610. Il fut exécuté le 27 du même mois, âgé d'environ 32 ans. Le genre de son supplice fut un des plus horribles attentats contre l'humanité.

RÉFORME DES LOIS. Toutes les lois dont les effets sont irréparables et par conséquent injustes, doivent être abolies.

RÉGICIDES. Les juges *régicides* ont regardé comme juste la peine de mort. Leur doctrine fut celle des juges *homicides*. Il n'est donc pas étonnant que des rois et des citoyens soient devenus la proie des bour- reaux. Tous les fauteurs de la peine de mort qui l'ont prononcée au nom de la loi, ont violé la sûreté publique; j'allais ajouter qu'on a violé jusqu'au tes- tament de LOUIS XVI, roi généreux envers les dé- putés qui le condamnèrent à mort.

REPENTIR. Chaque religion accueille favorable- ment le repentir; la peine de mort le méprise et le rejette. Comment se fait-il donc que la loi d'un état soit en opposition avec le culte qu'il adopte lui- même ?

ROBESPIERRE *. N'imputons pas au plus fameux député de la convention tous les crimes dont il a été chargé après sa mort. Plus il en avait commis, moins il est nécessaire d'en exagérer le nombre. Un histo- rien partial est un malhonnête homme. Qu'il nous suffise ici de transcrire le passage du dernier discours prononcé par Robespierre à la convention nationale,

* Maximilien-Isidore, né à Arras, en 1759.

le 8 thermidor an II; 26 juillet 1794, veille de son supplice. Il est évidemment prouvé par ce passage que le faux ami de la liberté songeait peu à demander l'abolition de la peine de mort.

« C'est nous qu'on assassine, et c'est nous que l'on « peint redoutables! et quels sont donc ces grands « actes de sévérité que l'on nous reproche? Quelles « ont été les victimes? Hébert, Ronsin, Chabot, « Danton, Lacroix, Fabre d'Églantine *et quelques* « *autres complices*. Est-ce leur *punition* qu'on nous « reproche? Aucun n'oserait les défendre. Mais si « nous n'avons fait *que dénoncer* des monstres dont « la mort a sauvé la convention nationale et la ré- « publique, qui peut craindre nos principes, qui « peut nous accuser *d'avance* d'injustice et de tyran- « nie, si ce n'est ceux qui leur ressemblent? Non, « nous n'avons pas été trop *sévères*; j'en atteste la « république qui respire; j'en atteste la représen- « tation nationale, environnée du respect dû à la « représentation d'un grand peuple; j'en atteste les « patriotes qui gémissent encore dans les cachots que « les scélérats leur ont ouverts; j'en atteste les nou- « veaux crimes des ennemis de notre liberté et la « coupable persévérance des tyrans ligués contre « nous. On parle de notre *rigueur*, et la patrie nous « reproche notre faiblesse. » (*Page* 6 *du dernier discours prononcé par Robespierre à la convention nationale, le 8 thermidor an II.)*

SERVAN. Son discours sur l'administration de la justice criminelle l'a immortalisé. Ses principaux ouvrages sont : deux Discours dans la cause d'une femme protestante, quatre Discours sur une déclaration de grossesse et un discours sur les mœurs, prononcé au parlement de Grenoble. Il était né à Romans, le 3 novembre 1737; il mourut le 4 novembre 1807.

SORTILÉGE. Crime chimérique dont l'ignorance, le fanatisme et la cruauté ont soutenu l'existence.

SUPPLICES. Les supplices endurcissent et rendent barbares ceux qui en sont les témoins.

> Des supplices affreux ne sauvaient pas les rois;
> On prit l'atrocité pour la force des lois.
> *(Discours sur le meurtre public.)*

SYLLA. Les proscriptions que ce barbare avait ordonnées firent périr 4,700 hommes. Plus de 600 prisonniers furent massacrés par ordre de Sylla, quoiqu'il leur eût promis la vie.

TIBÈRE. Qui le croirait ? Ce cruel empereur abrogea les sacrifices humains; mais pour se défrayer du sang qu'il épargnait, il fit mettre en croix les prêtres qui avaient immolé des victimes humaines.

Titus. Ce grand homme fut surnommé *l'Amour
et les délices du genre humain.* En montant sur le
trône, il jura qu'il ne laisserait jamais répandre le
sang, même celui des criminels. Quelque tems après
ce serment, deux conspirateurs lui furent amenés.
Il leur parle avec affabilité, les admet à sa table, les
comble de bienfaits, et les rend ainsi les plus fidèles
de ses défenseurs.

Trajan. « O tems heureux, s'écrie Tacite, en
« parlant du règne de ce prince, où l'on n'obéit
« qu'aux lois, où l'on peut parler librement et dire
« librement ce que l'on pense, où l'on voit tous les
« cœurs voler au-devant du prince, où sa vue seule
« est un bienfait ! ».

Trajan n'eut pas besoin d'espionnage ; il rendit des
ordonnances contre les délateurs, et abolit tous les
prétendus crimes de lèse-majesté. Il disait que « le
« fisc est dans l'état ce que dans le corps humain est
« la rate, qui ne peut croître sans que les autres
« membres en souffrent et tombent dans l'amaigris-
« sement. »

Usage. L'adoption que la plupart des peuples ont
faite de la peine de mort ne peut en justifier l'usage.
« Quelle honte, s'écrie l'orateur romain, d'alléguer
« pour des preuves de la vérité, ce qui n'est que
« prévention et coutume ! » Le droit ne résulte pas

du fait. Portée à son comble, la déraison des peuples et des législateurs a éclaté partout. Ici, le vol est honorable ; là, une loi permet aux magistrats de recevoir des présens ; ailleurs, l'inceste est une chose licite. Dans certains pays, on se nourrit de chair humaine crue ; en d'autres, on fait cuir des cadavres, on les pile, on en forme une bouillie, et on la boit, mêlée avec du vin ; il est des pays, où, quand un homme est vieux, son fils lui ôte la vie ; il y a d'autres pays où l'on fait dévorer les vieilles gens par de gros chiens : coutume qu'Alexandre eut la gloire d'abolir. Chez certains peuples on tue tous les enfans femelles qui naissent, et l'on achète des femmes à ses voisins ; chez d'autres on mutile les enfans mâles ; enfin il existe des villes où les magistrats distribuent du poison à quiconque est las de vivre. De pareils usages dégradent le genre humain. On ne peut donc se prévaloir raisonnablement de l'usage en faveur de la peine de mort.

L'usage est souvent ridicule, absurde ou atroce. Regardons autour de nous..... Mais comme il est dangereux, quand on aime la vérité, de parler et d'écrire d'après l'impulsion de sa conscience, transportons-nous par la pensée dans un pays lointain.

A Loango, en Afrique, le plus funeste des présages, c'est de voir le roi boire ou manger. Aucun domestique n'assiste à ses repas. Il faut que le monarque, étant à table, soit seul. Malheur à tous les curieux, à tous les imprudens qui s'introduiraient dans sa salle à manger!

Les voyageurs rapportent qu'un roi de Loango fit assommer un chien qu'il aimait beaucoup, et qui, l'ayant un jour suivi, avait assisté à son dîner.

Âgé de huit ans, le fils d'un autre roi de Loango, étant entré par hasard dans la salle où son père mangeait, celui-ci se lève brusquement de table et fait appeler le grand-prêtre qui saisit l'enfant, l'égorge, et frotte de son sang les bras du roi, pour détourner de lui les malheurs dont il venait d'être menacé par la présence d'un fils imprudent.

> Ainsi le veut la superstition :
> L'innocent égorgé doit sauver le coupable.

UTILE. Tout ce qui est utile n'est pas juste. Il ne faut donc pas soutenir qu'il est utile de vider les prisons et de tuer les coupables ou les hommes présumés tels; il faut concilier la justice avec l'humanité.

VAINQUEUR. Ce n'est pas dans la mort des prisonniers de guerre, c'est dans la générosité que nous voyons la gloire d'un vainqueur.

VERTU. Trop souvent persécutée, la vertu fut traînée à la mort par les faux croyans. Puissent les gouvernans éclairés ne pas oublier qu'en Espagne, l'inquisition fit brûler vifs, dans l'espace de quatre siècles, trente-quatre mille six cent cinquante-huit innocens, et qu'elle en aurait fait brûler un nombre bien plus effroyable encore, si dix-huit mille hommes ne s'étaient sauvés des flammes par une prompte fuite.

Nous l'avons dit, et nous le rappelons à ceux qui, n'ayant pas un cœur d'airain, ne peuvent regarder la sensibilité comme une faiblesse.

On frappe la vertu, trop souvent malheureuse,
On la livre aux bourreaux, on veut la rendre affreuse.
Le méchant l'aperçoit, il recule, il a peur,
Il l'évite et du crime attend le prix trompeur.
Cruels, qui le poussez au bord du précipice,
Que lui reprochez-vous ? ce que fait la justice
En frappant la vertu des plus terribles coups.
Trompé par votre exemple, il a fait comme vous.

(*Discours sur le meurtre public.*)

VINDICTE PUBLIQUE. Expression barbare, dont le sens est atroce.

XANTUS. Ce prêtre athénien fut l'un des accusateurs de Socrate.

ERRATA.

Page 64, ligne 15, au lieu de ces mots : *Moi, un de mes enfans....*, lisez : *Moi, MM. Lherbette de Saint-Charles, Bellet, Germain et Chauvereau....*

Même page, après le second *Brillon* supprimez *de Saint-Cyr.*

Page 65, ligne 1ère, au lieu de *mon père détenu...* lisez : *Mon père et mon oncle détenus....*

www.ingramcontent.com/pod-product-compliance
Lightning Source LLC
Chambersburg PA
CBHW070526200326
41519CB00013B/2951